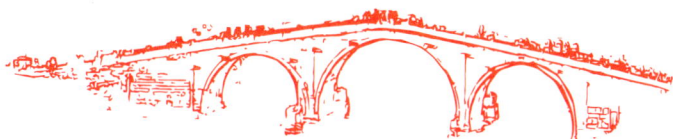

藏在运河里的
红色杭州

中共杭州市委党史研究室
（杭州市人民政府地方志办公室）

中共杭州市拱墅区委党史研究室
（杭州市拱墅区地方志编纂研究室）

编

ZHEJIANG UNIVERSITY PRESS
浙江大学出版社

序

　　2013 年 7 月 11 日、12 日，习近平总书记在河北调研指导党的群众路线教育实践活动时指出："历史是最好的教科书。对我们共产党人来说，中国革命历史是最好的营养剂。"① 学习党史、新中国史、改革开放史、社会主义发展史，是坚持和发展中国特色社会主义、把党和国家各项事业继续推向前进的必修课。

　　2021 年是中国共产党成立 100 周年。百年恰是风华正茂。100 年，在人类发展史上、在中华民族文明史中，不过是弹指一挥间，但正是这 100 年，在世界的东方成就了波澜壮阔的传奇，在社会主义进程中，定格下了最华彩的篇章。100 多年来，中国共产党团结带领中国人民，以"为有牺牲多壮志，敢教日月换新天"的大无畏气概，书写了中华民族几千年历史上最为恢宏的史诗。由我们党百年奋斗史凝结而成的红色文化，不仅属于过去，更属于当下和未来。红色文化是党领导人民在长期的革命斗争中创造的具有中国特色的精神文化，是我们取之不尽的精神财富，是我们砥砺前行的力量源泉。一个个鲜活的历史人物、一曲曲惊天的慷慨壮歌、一阵阵激荡的历史风云，承载着无上的光荣伟大，蕴涵着丰富的民族智慧，闪烁着璀璨的精神之光。

　　浙江作为中国革命红船起航地、改革开放先行地和习近平新时代中国特色社会主义思想重要萌发地，肩负着建设新时代全面展示中国特色社会主义制度优越性的"重要窗口"的神圣使命。杭州是一座红色资源丰富、具有光荣革命传统的英雄之城，大运河两岸有着光荣的革命斗争历史，也有诸多红色印记。

　　从土地革命时期省委机关的建立到陆军监狱中的红色斗争，从"三

---

① 习近平. 以史为镜，以史明志，知史爱党，知史爱国 [J]. 求是，2021（12）.

毛一虎"农民暴动到此起彼伏的工人运动,从建设全省重要的工业基地到建立全国第一个"楼宇党支部",从浙江展览馆到"红太阳地摊儿",从特色小镇到新时代未来社区,先烈前贤们用鲜血和汗水谱写了一曲曲充满热血与热泪的英雄史诗和建设壮歌,留下了许许多多可歌可泣的红色故事。这些历史上的瞬间,映照着共和国的脚步;这些红色地标,标注着人民当家做主的自豪;这些红色故事,承载着中国共产党人的初心和使命;这些伟大革命精神跨越时空、历久弥新,是砥砺我们不忘初心、牢记使命的不竭精神动力。

如果说长城是中华民族挺立的脊梁,大运河就是流淌的血脉,是一部书写在中华大地上的宏伟诗篇。2017年6月,习近平总书记做出重要指示:"大运河是祖先留给我们的宝贵遗产,是流动的文化,要统筹保护好、传承好、利用好。"①杭州因运河而兴,因运河而盛。作为与大运河同生共长的城市,杭州牢记习近平总书记的谆谆嘱托,以申遗成功为新的起点,用世界遗产标准来保护好大运河,用好运河这张"金名片",建设世界名城;与此同时,不忘根本,不忘初心,不忘这片土地上的光荣传统,将红色基因熔铸于灵魂血脉之中。

由杭州市委党史研究室、拱墅区委党史研究室等单位联合组织编写、浙江大学出版社出版的《藏在运河里的红色杭州》,旨在"把红色资源利用好,把红色传统发扬好,把红色基因传承好",在编写过程中,始终坚持历史唯物主义的立场和观点,忠于历史的真实,以党史上的发生在大运河两岸的重大历史事件和活动为线索,贯穿从新民主主义革命时期到中国特色社会主义新时代的红色印记,通过对历史事件和人物的记述,生动再现中国共产党成立以来大运河畔一幅幅波澜壮阔

---

① 保护好中华民族精神生生不息的根脉——习近平总书记关于加强历史文化遗产保护重要论述综述〔N〕.人民日报,2022-03-20(01).

的历史画卷。

同时，全书紧紧围绕深入学习贯彻党的十九大和十九届历次全会精神以及省、市、区有关会议精神，唱响共产党好、社会主义好、改革开放好、伟大祖国好的时代主旋律，用党的历史激励人、教育人、启迪人和警示人，使党史研究成果更好地服务于学习贯彻党的基本理论、基本路线、基本纲领、基本经验，服务于社会主义核心价值体系建设和形势政策宣传教育，服务于社会经济文化发展建设，起到以史鉴今、资政育人的重要作用。

不忘本来才能开辟未来，善于继承才能更好创新，不忘来路，才能更好前行。文化兴国运兴，文化强民族强，在开启全面建设社会主义现代化国家的新征程上，千年文脉正奔流不息，而大运河的红色故事也在谱写新篇。《藏在运河里的红色杭州》的编撰出版，将为浙江守好"红色根脉"打造"重要窗口"提供新的有益教材。征途漫漫，唯有奋斗。我们通过奋斗，披荆斩棘，走过了万水千山。我们还要继续奋斗，勇往直前，创造更加灿烂的明天。跨越百年、逐梦千秋。过去、现在和未来，从未如此紧密相连。让我们在习近平新时代中国特色社会主义思想指引下，拥护"两个确立"，增强"四个意识"，坚定"四个自信"，做到"两个维护"，不忘初心、牢记使命，为党而歌，与人民同行，为实现第二个百年奋斗目标、实现中华民族伟大复兴而不懈奋斗！

2022 年 4 月

目 录

浙潮第一声

——觉醒年代的红色呐喊

1919 年 6 月，陈望道从日本归国。

这一年的秋天，他正式受聘于浙江省立第一师范学校（简称一师）担任国文教员。1915 年，陈望道赴日本留学，先后在早稻田大学、东洋大学和中央大学学习。留日 4 年，他学习了大量马克思主义经典著作，并逐渐将其确定为自己的终生信仰。

浙江省立第一师范学校校名碑

陈望道（1891—1977）　　经亨颐（1877—1938）

一师的前身是浙江官立两级师范学堂，清光绪三十二年（1908）以浙江贡院旧址改建而成，1913年改名为浙江省立第一师范学校。1919年，校长经亨颐正式在学校实行教员专任制度，首批聘任的专任教员就包括后来号称"四大金刚"的夏丏尊、李次九、刘大白和陈望道。经亨颐早年留学日本，此时他已苦心经营一师九个年头，同时还兼任浙江教育会会长。

这一年，北京赵家楼的烈火点燃了一场群情激奋的青年运动，"民主与科学"的追求开始传遍中国。消息传到杭州，一师学生俞秀松、宣中华、施存统等人与杭州其他学校的学生一起成立了杭州学生联合会，发动学生进行罢课、游行等活动，声援五四运动。

这一年，一师推行学生自治、改授国语和学科制，支持师生创办进步刊物，传播新思想。经亨颐一贯提倡人格教育，主张与时俱进。在民主、自由的环境中，一师师生先后出版了16种进步刊物传播新文化。这些理性之光，照亮了学生迷茫的前路。

这一年，《浙江新潮》创刊。这本刊物由一师学生俞秀松、施存统、查猛济、阮毅成联合省立甲种工业学校的沈乃熙（夏衍）等20多人参与编辑，它的前身是当年双十节创刊的《浙江省立第一师范学校校友会十日刊》。《浙江新潮》刊登的都是宣传新思想与新思潮，反对旧思想，展现青年学生对

俞秀松（1899—1939）　　宣中华（1898—1927）　　施存统（1899—1970）

国家命运、道路进行思考与探索的文章。刊物发行后不久便建立起北至哈尔滨、南至广州、西至成都、东到日本神户的 30 多个代办点和发行处。当时不少革命志士都代办、传播和阅读这份刊物，其中就有"湖南长沙马王街修业学校毛泽东君"和"南京高等师范学校杨贤江君"。

《浙江新潮》虽然仅存在了三周、发行了三期便遭查禁，却被当时上海的《时事新报》评论为杭州学生界破天荒的出版物。《浙江新潮》第一期刊登了傅彬然的《学生今后的方针应怎样》，第二期刊登了施存统的《非"孝"》，第三期发表了傅彬然的《废孔》以及蔡经铭写的杭州纬成公司、虎林丝厂、武林铁工厂的工人受压迫求加薪的文章。积极刊登这些广泛宣传共产主义思想的文章，使《浙江新潮》成为与《湘江评论》并驾齐驱的、在学生群体中广受欢迎的进步刊物。

《非"孝"》引发的风波

1919 年 10 月 2 日，杭州依例举行"祭孔"大典。在新文化思想影响下，一师学生不愿参加。经亨颐对学生的态度表示支持，并借到山西太原出席

《浙江新潮》创刊号

1919年12月15日，《民国日报》刊载《北廷查禁浙江新潮电》

全国教育会联合会第五届年会之机，提前离开了杭州。

11月7日，新出版的《浙江新潮》第二期刊登了由施存统撰写、俞秀松修改的《非"孝"》一文。文章大意是主张在家庭中用平等的爱来代替不平等的"孝道"。一石激起千层浪，浙江当局高度紧张，联系到一师蔑视"祭孔"的行为，他们认此为"洪水猛兽"，应加以"非孝、废孔、公妻、共产"之罪名，并归罪于校长经亨颐及"四大金刚"。省教育厅、省政府和军方一致通电北洋政府要求查禁《浙江新潮》，省教育厅还责令经亨颐开除施存统。经亨颐拒绝不办。省教育厅厅长夏敬观又命令经亨颐解聘陈望道等4名教员，但也遭到了经亨颐的拒绝。

当局终于向一师的"领头羊"开刀了。1920年2月，省教育厅趁学校放寒假，查封了《浙江新潮》，已经刊印好的第三期《浙江新潮》被销毁，经亨颐的校长职务也被撤销。

经亨颐被免职，成了"一师风潮"的导火索。

"一师风潮"动九州

1920年2月12日，一师教师持公函面见浙江省教育厅厅长夏敬观，要求恢复经亨颐校长职务，遭到拒绝。第二天，全体教职工再次开会，又以全体教师的名义向省教育厅请愿。徐白民、宣中华等寒假留校学生发信通知返乡同学提前回校，以"挽经护校"为口号，群起挽留经亨颐校长。3月15日，一师全体学生发表宣言，要求省教育厅"收回调任成命"。3月24日，省长齐耀珊不顾呼声，下令学生"暂行休业，即日一律离校"。第二天，当局以"保管校舍"为由派出40多名军警进驻一师校园。28日，杭州学生联合会发动杭州各校学生共4000多人，在理事长宣中华的带领下赴省教育厅和省公署请愿，遭到公署卫队拦阻，引发冲突，2名学生受重伤。当晚，杭州学生联合会召开紧急会议，决定通电全国并呈文教育部、司法部，揭露浙江当局的暴行。

3月29日清晨，当局出动500多名军警包围了一师，断绝粮食和交通，企图把学生遣送回家并强行解散学校。300多名学生高呼"国家兴亡，匹夫有责""我们情愿为新文化而牺牲，不愿在黑社会中做人"的口号围坐在学

1920年3月11日，《申报》刊载一师风潮的报道

1920年3月25日，军警进驻一师校园

1920年3月29日，军警与学生在操场对峙

一师校园旧址俯瞰

校操场上，与军警展开对峙。杭州各个学校的师生闻讯赶来支援。留日浙江同乡会、全国各界联合会、留美浙籍学生等也纷纷来电声援。上海的《民国日报》《申报》、北京的《晨报》《星期评论》等均发表评论声援。

一师的斗争，得到全国各地各界的声援，梁启超、蔡元培等社会贤达也来电对浙江军政当局迫害学生的行为予以责问。在各界压力下，省长齐耀珊和省教育厅厅长夏敬观不得不撤退驻校军警，与学生代表重启谈判，最终收回解散一师的命令。4月2日，学校原聘教职工回校，部分学科复课。4月11日，杭州学生联合会通电全市学校"声讨齐耀珊"。第二天，各大中学校5000多名学生高呼"驱逐齐耀珊""驱逐夏敬观"等口号上街游行。4月17日，全校复课，"一师风潮"以学生的胜利告终。

浙潮第一声纪念碑

莫教冰鉴负初心

　　作为浙江新文化运动的中心，一师的许多师生后来都自觉走上革命道路，投身到血与火的革命活动之中。俞秀松、施存统参与发起了上海的中国共产党早期组织，并负责上海社会主义青年团工作；杨贤江协助恽代英编辑《中国青年》，后来成为教育家；而"四大金刚"之一的陈望道，翻译了《共产党宣言》首个完整的中译本；汪寿华、梁柏台、宣中华、谢文锦、叶天底、庄文恭、蒋友谅、胡成才等成了中国共产党早期的骨干；柔石、潘漠华等成了左翼文化运动的代表人物。他们当中的许多人成了烈士，为中国革命献出了生命。

　　"一师风潮"的胜利，为中国共产党、中国共青团以及杭州地方党、团组织的创建与发展奠定了干部基础，为马克思主义在中国的传播做出了独特的贡献。

《共产党宣言》（陈望道译本，1920 年 8 月第 1 版）书名错印成了《共党产宣言》

狮虎桥河下的火种

——中共浙江省委机关的建立

先 声

1921 年冬，拱宸桥码头。

徐梅坤正准备搭乘沪杭班小火轮前往上海。前来送行的倪士侠、郑复他等 20 多人都是浙江印刷公司工作互助会的同仁，徐梅坤站在轮船甲板上泪流满面地向工友告别，带着满腔的愤慨和希望。

进步青年徐梅坤在工友中有着很高的威望。他曾担任浙江印刷公司工作互助会宣传股长。1920 年 12 月，在魏金枝等一师学生的帮助下，他与工友们一起创办了属于工人自己的刊物《曲江工潮》。这份刊物不仅是浙江第一

1921 年第 39 期《铁路公报》刊载的拱宸桥码头照片

份工人刊物，也是全国最早的工人刊物之一。

彼时的杭州，工人运动正陷入低迷，主持杭州工人斗争的徐梅坤决定奔赴工人运动的中心——上海。

在上海，他结识了陈独秀，并在陈独秀的介绍下加入了中国共产党，成了浙江地区第一位工人党员。

1922年7月，中共上海地方委员会改组为上海地方兼区执行委员会，负责领导上海、江苏和浙江等地的工作，徐梅坤担任委员长。8月底，徐梅坤乘上返回杭州的火车，这次归乡他肩负着重大任务——建立和发展江浙地方党组织，在杭州组建党小组。

1922年，对于杭州来说是一个具有划时代意义的年份。9月初，徐梅坤等4位年轻的革命者在皮市巷3号秘密集会，成立了浙江省第一个党组织——中国共产党杭州小组。组长于树德，成员金佛庄、沈干城，由此开辟了浙江的红色新天地。

中共浙江省委的建立

浙江是中国共产党的诞生地之一，党中央对浙江党的工作向来十分关心，浙江也成了全国较早建立地方党组织的省份。

于树德（1894—1982）　　金佛庄（1897—1926）　　沈干城（1896—1934）

杭州党小组成立之后，全省其他地区的党组织也陆续建立起来。1927年4月，全省已成立30多个党组织，发展党员4000多人。但这一时期，全省党组织却没有统一的领导机构，隶属关系也各不相同，有的归党中央直接领导，有的归上海党组织领导。

　　"四·一二"反革命政变后，浙江党组织遭受严重破坏。根据中共五大的决议，为尽快恢复浙江的革命力量，加强对浙江党的工作的领导，中央决定在杭州地委的基础上建立中共浙江省委。1927年6月，中共浙江省委在杭州成立，书记由杭州地委书记庄文恭担任，下设组织部、宣传部、农民部、工人部、妇女部、秘书处。这是浙江最早建立的省委组织。

　　随着白色恐怖阴霾加重，省委的斗争环境更加险恶。1929年4月，党中央决定暂时取消中共浙江省委建制。

　　从1927年6月至1929年4月，短短22个月里，中共浙江省委机关屡遭破坏，曾多次转移办公联络地点，加上其他种种原因，长期以来当时的中共浙江省委机关的确切位置一直没法确定。

　　这么重要的革命历史遗址，难道就如同沙滩上的脚印，风起浪涌之后，便变得无踪无影了吗？

中共杭州小组纪念馆——皮市巷3号

浙江早期中共组织沿革
（1922年9月至1927年6月）

- 中共中央
- 上海地方兼区执行委员会（1922.7—1924.4）
- 上海地委（1924.4—1925.8）
- 上海区委（1925.8—1927.6）
- 嘉兴独立支部 书记：顾作之（1925.3—8）
- 余姚坎镇支部 书记：岑鹿寿（1926.7—12）
- 诸暨城区支部 书记：钟子逸（1926.冬—1927.2）
- 临海县特支 书记：张崇文（1926.11—1927.6）
- 杭州小组 组长：于树德（1922.9—1923.春）
- 绍兴党团支部 书记：何赤华（1923.7—1924.4）
- 余姚马家路支部 书记：施若愚（1926.10—12）
- 国民党浙江省党部中共党团 书记：华林（1925.9—1927.6）
- 金华独立支部 书记：钱兆鹏（1926.7—1927.6）
- 杭州支部 书记：于树德（1923.春—10）
- 绍兴支部 书记：何赤华（1924.4）
- 嘉兴独立支部 书记：顾作之（1925.8—1927.6）
- 枫泾支部 书记：袁正钊（1926.7—1927.4）
- 温州独立支部 书记：胡识因（1925.8—1927.4）
- 直属第五组 组长：安体诚（1923.10—12）
- 杭州支部 书记：安体诚（1924.1—4）
- 杭州支部 书记：安体诚（1925.8—9）
- 宁波支部 书记：杨眉山（1925.8—9）
- 绍兴独立支部 书记：蒋仁东（1926.3—5）
- 杭州支部 书记：安体诚（1924.4—1925.8）
- 宁波支部 书记：周天僪（1925.2—8）
- 杭州独立支部 书记：华林（1925.9—12）
- 宁波独立支部 书记：杨眉山（1925.9）
- 绍兴地委 书记：梁茂康（1926.5—1927.6）
- 温州独立支部 书记：胡识因（1924.12—1925.8）
- 绍兴支部 书记：何赤华（1924.4—1925.1）
- 杭州地委 书记：顾作之（1926.1—1927.6）
- 宁波支联 书记：杨眉山（1925.9—12）
- 宁波地委 书记：华林（1926.1—1927.6）

中共浙江省委组织沿革
（1927年7月至1929年4月）

- 中共中央
- 中共浙江省委
- 杭州支部工作指导委员会（1927.8—9）
- 萧山县委（1927.10—1929.4）
- 富阳县委（1928.10—1929.4）
- 湖州县委（1927.7—11、1928.2—1929.1）
- 嘉兴县委（含临时县委）（1927.8—1929.3）
- 海宁县委（含临时县委）（1927.8—1929.3）
- 绍兴县委（1927.7—11、1928.11—1929.4）
- 杭州县委（1927.9—11、1928.4—10）
- 杭州市委（1928.11—1929.4）
- 诸暨县委（含临时县委）（1927.8—1929.4）
- 宁波市委（1927.7—9）
- 宁波县委（1927.9—1928.4、1928.9—1929.1）
- 三北特委（1927.12—1928.4）
- 奉化县委（含临时县委）（1927.7—11）
- 慈溪县委（1927.11—12）
- 余姚县委（1929.1—4）
- 宁海县委（1927.7—1929.4）
- 浙南特委（1928.9—12）
- 永嘉县委（1928.1—1929.4）
- 瑞安县委（含临时县委）（1928.2—1929.4）
- 平阳县委（1928.2—6）
- 临海县委（1927.9—1928.11）
- 温岭县委（1928.1—1929.4）
- 天台县委（1928.1—1929.3）
- 黄岩县委（1929.5—1929.4）
- 浙西特委（1928.4—12）
- 遂昌特委（1927.10—1928.10）
- 武义县委（含临时县委）（1927.7—1929.4）
- 龙游县委（1928.4—1929.4）
- 东阳县委（1928.1—1929.4）
- 兰溪县委（含临时县委）（1927.7—1928.9）
- 永康县委（含临时县委）（1927.7—1929.4）
- 宣平县委（1927.10—1929.4）
- 义乌县委（1928.10—1929.4）
- 缙云县委（1928.9—1929.4）
- 建德县委（含临时县委）（1927.8—1929.4）

旧改工程解开"红色谜团"

一个旧改工程，解开了封存多年的"红色谜团"。

2020年5月，天水街道在推进戒坛寺巷社区老旧小区改造的过程中，意外地发现了一份记载：1927年中共浙江省委机关曾设在狮虎桥河下2号！这一重要发现马上被报告给了省委和市委有关部门。

为慎重起见，当年7月，省、市、区三级党史部门组成课题组，通过查阅史料、寻访当地世居居民、咨询老党史工作者、走访地名部门、开展现场测绘等方式进行考证。10月底，考证工作完成，确认天水街道戒坛寺巷社区狮虎桥河下2号是土地革命战争时期中共浙江省委机关重要旧址之一。这是目前可明确的最早的中共浙江省委机关旧址，也是杭州市范围内已确认的唯一一处中共浙江省委机关旧址。

这一段隐秘的历史，在被悠悠时光遮映了90多年后再次进入人们的视野。

狮虎桥河下 2 号中共浙江省委机关旧址

闹市中的"红色心脏"

狮虎桥河下 2 号，位于当年西大街（现武林路）中段，距武林门码头不远，进出极为便利，是个闹中取静的隐蔽之处。

中共浙江省委建立后，浙江的党组织有了统一的领导机构，推动了大革命失败后全省党组织的恢复和发展。

针对全省党组织遭受严重破坏的情况，浙江省委首先恢复了党的组织发展工作。1927 年六七月间，直属省委领导的组织已有宁波地（市）委，杭州中心区委，湖州、绍兴县委，奉化、宁海、武义、兰溪、永康临时县委及 17 个独立支部、特别支部、支部和 7 个区委，再加上一些地方的基层组织，全省已有 32 个县、市建立了党组织，初步扭转了被动的局面。

1927 年 9 月 26 日，中央特派员王若飞来浙江传达"八七会议"精神并帮助改组浙江省委。当月，浙江省委号召工农群众集中起来进行武装暴动，夺取政权。全省农民开展了武装暴动，这些暴动虽然很快被镇压，却奠定了群众基础，扩大了党的影响，播下了革命火种，更丰富了党的斗争经验。

这一年的 11 月，夏曦受党中央委派来到浙江，改组了省委并担任省委书记。然而，仅仅过去了几天，省委机关即遭到破坏。同年 12 月，省委机关迁往宁波。

作为省委机关，当时省委的许多会议都在狮虎桥河下 2 号召开，这里成

八七会议会址。1927 年 8 月 7 日中共中央在湖北武汉秘密召开紧急会议，确定了土地革命和武装斗争的总方针

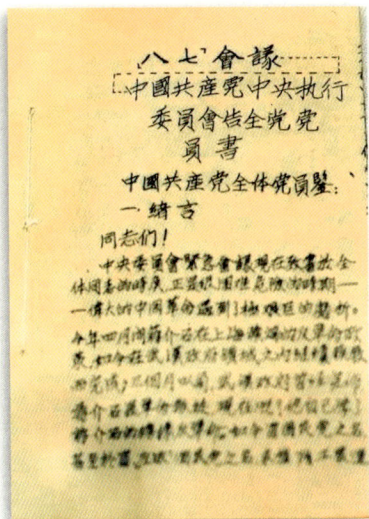

中央八七会议通过的《中国共产党中央
执行委员会告全党党员书》

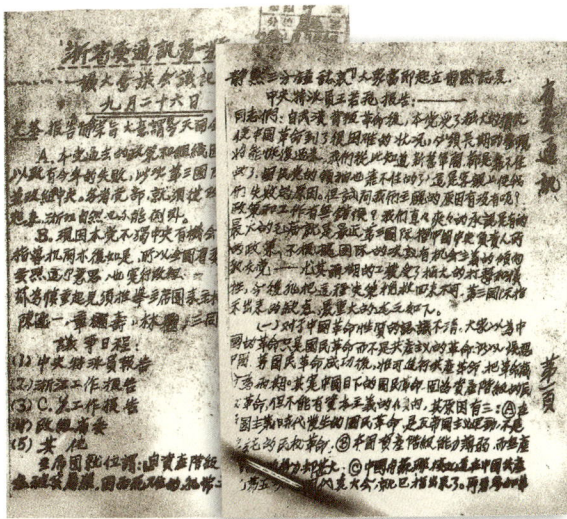

1927年9月26日，中共浙江省委扩大会议的会议记录

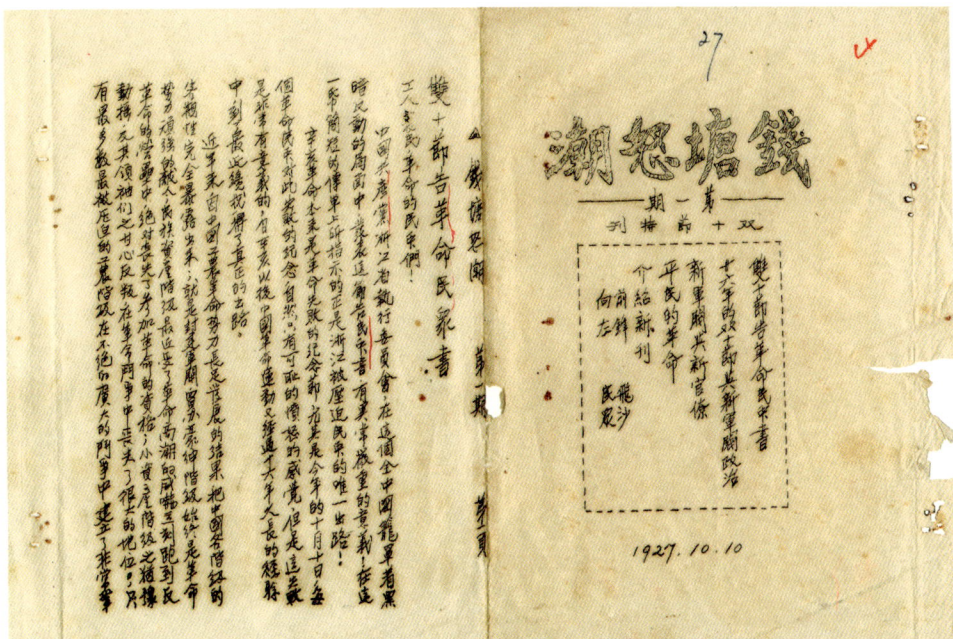

1927年10月，中共浙江省委机关刊物《钱塘怒潮》创刊。第一期双十节特刊上刊载了《双十节告革命
民众书》，号召工农群众在共产党的赤色旗帜下团结起来，武装暴动，夺取政权

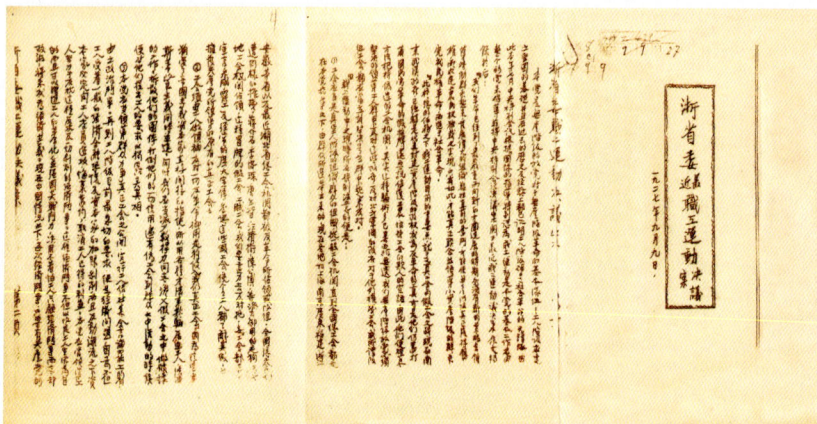

1927年9月9日，《浙省委最近职工运动决议案》

1927年9月27日，王嘉谟（家谟，又名亦政）在省委改组会中作的党务及工作报告

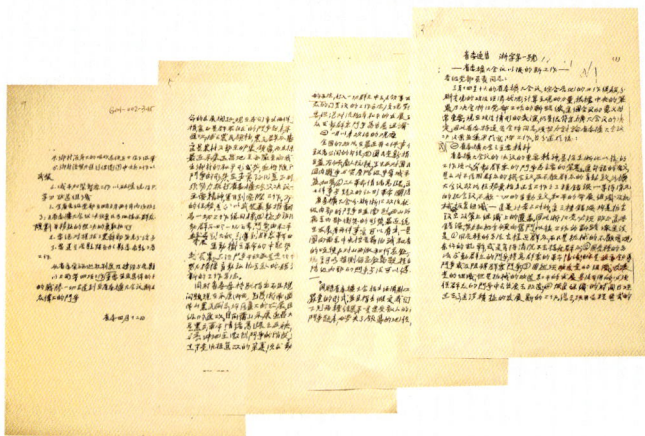

1928年4月12日，《中共浙江省委通告（浙字第一号）》

为土地革命时期浙江省委在杭州的一个重要的活动据点。狮虎桥河下2号铭刻着一段段风起云涌的历史，见证了中共浙江省委的发展。

1927年9月至10月，中共浙江省委先后通过了给党中央的报告及《农民运动议决草案》等文件，提出了"现时中国革命已到了土地革命的这个新的阶段，这个新的阶段，便是一切反动势力和革命势力最后决战的一个历史过程"的观点，认为杭州等地农民在土地革命开端的时期，应该积极开展猛烈的斗争，发展农民的组织，由经济斗争而至武装暴动，由减租减息运动而至没收地主土地。

同时，全省的工人运动此起彼伏。省委书记夏曦在狮虎桥河下2号专门组织会议，商讨杭州总罢工事宜。据时任省委候补委员陈作人回忆："这个会一直开到快天亮，各人返厂指挥，当时总指挥是陈之一。"

1927年12月1日，《申报》第六版刊发了一篇署名为"杭州特约通讯员潮光"的通讯稿：《浙省共产党——大暴动计划失败　红色恐怖团已破获》。

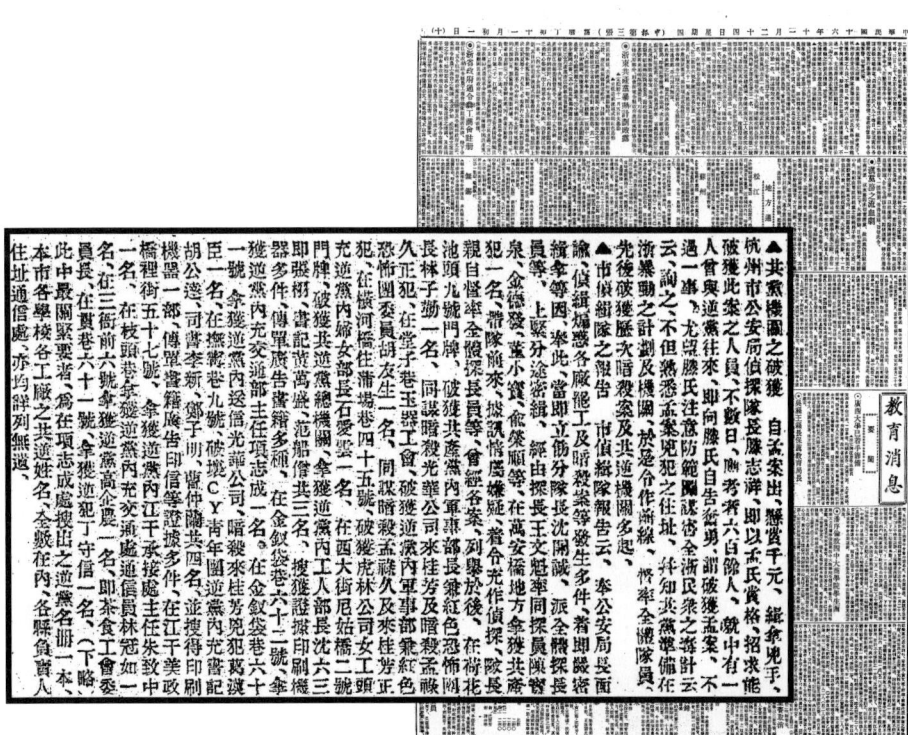

1927年12月1日，《申报》刊载《浙省府呈执杭州破获共党情形》新闻

这篇当年的通讯稿详细记载了破坏中共浙江省委机关的过程："在横河桥住蒲场巷四十五号，破获虎林公司女工头充逆党内妇女部长石爱云一名。在西大街尼姑桥 2 号门牌，破获共逆党总机关。拿获逆党内工人部长沈六三即张栩，书记黄万盛，范船僧共三名。"

文中的西大街尼姑桥 2 号，就是中共浙江省委机关所在的狮虎桥河下 2 号。

其实，浙江省委成立伊始，就一直处于严重的白色恐怖中，斗争环境极端艰险，浙江党的组织遭受到极大破坏，省委机关也屡遭破坏。这对坚持斗争的党员特别是各级党的领导干部是一个极大的考验。在不到两年的时间里先后有庄文恭、王家谟、张秋人、陈之一、夏曦、卓兰芳、龙大道、李硕勋、徐英、罗学瓒 10 人出任省委书记或代理书记，其中 8 位书记英勇牺牲。

守好红色根脉

新中国成立后，中共浙江省委机关旧址上的老建筑被省军区、省公安厅等单位先后征用。在 20 世纪 80 年代末 90 年代初的城市建设中，改建成现在的楼房。为留存这份宝贵的历史记忆，2021 年 7 月，在原址上建成并启用中共浙江省委机关旧址陈列室。

穿越近一个世纪，红色基因依旧在狮虎桥河下 2 号延续、传承。

2021 年 7 月，中共浙江省委机关旧址陈列室正式启用

"胜利的时候，
请不要忘记我们！"

——浙江陆军监狱里的红色斗争

20 世纪 20 年代的浙江陆军监狱

　　100 多年前的杭州钱塘门边，在离西湖不远的西大街（现名武林路）南端，有座壁垒森严的建筑。其四面是双层高墙，墙上各处架有电网，东北、西北角还设有瞭望角楼。这里就是著名的浙江陆军监狱。

　　这里曾是阴郁晦暗的监狱和刑场。1927 年 4 月，国民党右派在杭州发动政变。此后，杭州乃至整个浙江省各地的党、团组织屡遭破坏，被捕的政治犯陆续被关入浙江陆军监狱。这里成了国民党在杭州关押、屠杀共产党员和革命者的主要场所。

人间炼狱

根据杭州地方史志记载，1912 年 5 月，北洋政府在杭县迁善所（晚清时的"劳教所"）的基础上兴建起杭州陆军监狱。1927 年，改名为浙江陆军监狱。1933 年又更名为浙江军人监狱，属军政部管辖，但人们还是习惯称它为浙江陆军监狱。

虽名为陆军监狱，但实际上，这个监狱从来没有把军事犯作为监禁的重点。关押的主要对象是被捕的共产党人和革命群众。

据监狱幸存者回忆，当时监狱的第一道大门上写着"浙江陆军监狱"的字样，狱内共有七重铁门，每道门都有步哨看守。原有三个监区，并设有女监，后来又增设一个监区。在监狱的东南角还设有一个刑场，筑有一排木柱，行刑时将要枪决的犯人捆绑在木柱之上。

监狱通过一条走廊把牢房分隔成两侧。每个监房关押 6 至 8 人，监房内有一个马桶，仅有一个带铁门的墙洞可以通向墙外，但门上一直拴着锁链。

1933 年 9 月出版的《杭州市街及西湖附近图·新市场》中标注的"浙江军人监狱"（浙江陆军监狱）

从 1927 年 4 月至 1937 年 12 月，被囚的中共党员和其他革命者共有 1512 名，而当时浙江全省的党员、团员总数仅为 1740 名。有 154 位共产党员在这里流尽最后一滴血，其中包括张秋人、徐英、卓兰芳、罗学瓒 4 任浙江省委书记，还有 14 位省委常委及 32 位县委书记。

这里也是战场

浙江省革命烈士纪念馆的展陈厅里，有一张浙江陆军监狱狱友们的合影。照片中的 14 位革命者，身戴手铐和脚镣，神态却坚毅、自信、坦然，如果人们不注意到手铐和脚镣，完全会以为是某时某地的青年在聚会。这些以身赴死的革命者以壮烈的人生诠释了共产党人视死如归的大无畏革命英雄气概。

我满意我为真理而死！遗憾的是自己过去的工作做得太少，想做多一点已经来不及了。在狱中，看到每一个同志在就义时都没有任何一点惧怕，他们差不多都是像去完成工作一样跨出牢笼的。他们没有玷辱我们伟大的光荣的党。……胜利的时候，请不要忘记我们！

这是共青团浙江省委代理书记裘古怀在就义前的绝笔，遇害时他年仅 25 岁。

裘古怀（1905—1930）

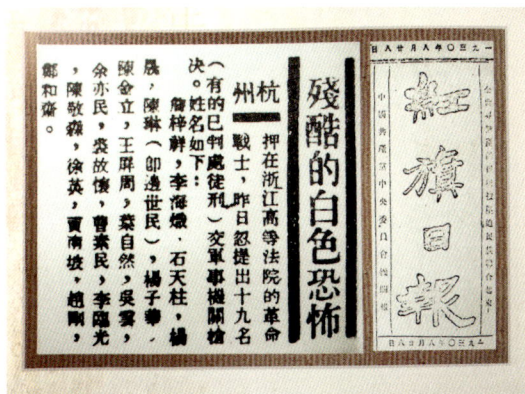

1930 年 8 月 28 日，《红旗日报》刊载裘古怀等烈士牺牲的报道

1930 年 8 月，关押在浙江陆军监狱的革命者合影

裘古怀生于 1905 年，又名古槐，浙江奉化人。1920 年，他考入宁波省立第四师范学校。1926 年，他在广州加入共产党，并在国民革命军第四军叶挺独立团从事宣传工作。后参加北伐，因作战勇敢被誉为"虎胆英雄"。1928 年，年仅 23 岁的裘古怀担任共青团浙江省委常委，后任代理书记。随后，裘古怀遭国民党逮捕并被关进浙江陆军监狱，在 1930 年的"八·二七"血案中牺牲。

　　如今，"胜利的时候，请不要忘记我们"这句话，被镌刻在了浙江革命烈士纪念馆入口处。

　　浙江省档案馆还保存着一份遗书手迹原件，是时任共青团浙江省委书记徐玮于 1928 年 2 月 9 日在陆军监狱中写给家人的遗书：

　　　　我要告诉你们的有下列几件事：（一）你们应当看我是社会进化的原动力，是无产阶级革命的战斗员，而不是一个家庭的子弟，更绝对不是孝顺的子弟。我一生尽力革命未尝稍懈，对于你们既没有丝毫补助，又缺少经常关系，所以我死后你们不应视我为家庭的一份子而为我悲伤，你们应继续我志而奋斗……（四）我以天下为家，我的遗骸随处可放，由它腐败。不必返回，也不要花钱在杭营墓，这都是无意义的……（七）我现在心平如镜，并不痛苦，人生莫不有死，枪毙死得最痛快。况我死得有意义。请勿念。祝康健。

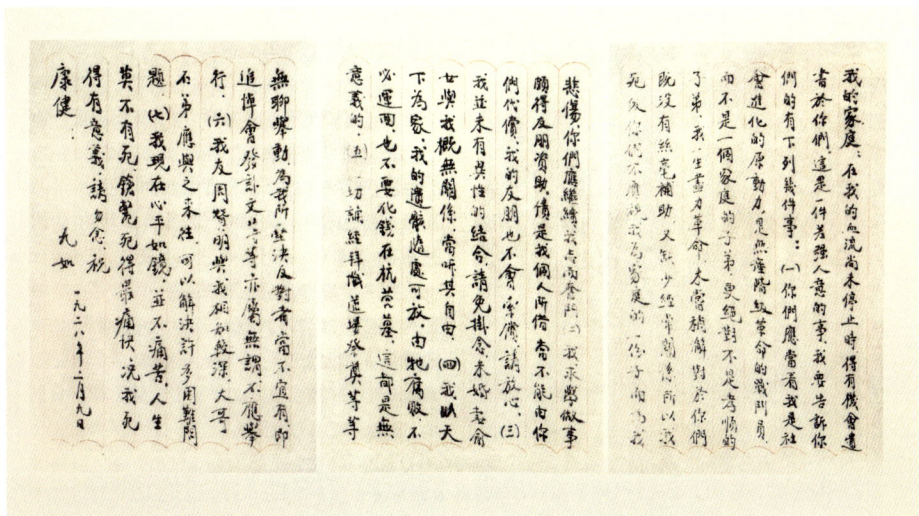

徐玮牺牲前写的家书

徐　玮（1903—1928）　　　　张秋人（1898—1928）

徐玮于 1927 年 11 月初被捕，1928 年 5 月 3 日在陆军监狱刑场英勇就义，时年 25 岁。

张秋人，曾在毛泽东领导下编辑《政治周报》，与恽代英、萧楚女并称"广州三杰"。1927 年 9 月，新婚燕尔的张秋人由党中央派遣到杭州，接任浙江省委书记。

"看来，我的头要砍在杭州了。"张秋人的身份早已公开，他知道自己随时会遭遇不测，但仍毅然赴命。果然，他到杭州不久，就在西湖边被几个反动学生跟踪。即便租船游湖，也仍不得脱身。张秋人便嘱咐同行的妻子立刻回旅馆烧毁文件，自己则纵身跳进西湖，将口袋里的一份党员名单销毁在湖里。被捕后，他被关押进了浙江陆军监狱。

1928 年 2 月 8 日，年仅 30 岁的张秋人遇害。就义前，狱方照例"验明正身"。问他姓名时，他拍案而起，高喊"老子张秋人"，抢先几步抓起案上的砚石向法官砸去，然后从容地走向刑场，英勇就义。

许多共产党员入狱时仅是 20 岁出头的青年，但是他们并没有被酷刑压垮、没有被死亡吓倒，而是把监狱作为战场，继续坚持斗争。

特别党支部

尽管有大批共产党人被囚禁在浙江陆军监狱，但在一段时间内，狱中的党员并没有形成固定的组织形式。这主要是因为党组织的领导人都在关押几星期后就壮烈牺牲了，来不及建立狱中党组织。而在这个时期，党员的活动形式主要是各自找自己信得过的同志谈心，并在生活上互相照顾。

1927年4月，杭州发生反革命政变后，浙江省和杭州市的许多秘密机关相继遭到破坏，徐英、裘古怀、徐迈进等省、市党团组织负责人先后被捕并被关入浙江陆军监狱。1928年夏天之后，被囚禁在狱中的共产党人逐步形成了以谢芬（华白沙）、徐天仁、邹子侃等为首的领导核心，并与狱外党组织取得了联系。

经过秘密串联和酝酿，1929年6月，三四十名党员、团员在监狱内成立了中共狱中特别支部（简称狱中特支或特支），徐迈进任书记，宣传委员为裘古怀，组织委员为邹子侃。狱中特支根据监狱的特殊环境，通过组织学习、提高认识、加强自我教育，开展了"打豺狼""笼啸""绝食"等多种形式的斗争。

在特殊环境中成立的特支，组织极为严密，党、团混合编组，被吸收参加特支的党员、团员都要经过严格的考察和介绍手续，并不是狱中所有的共产党员和共青团员都是特支的成员。狱内联系主要在"放风"时，或是通过担任"医役"的共产党员王屏周来进行。

为保证联络的安全，他们专门编了一部密语字典，如外面上级党组织化名为"外祖母"，狱中党支部化名为"母亲"；许多政治术语都用日常用语代替，支部成员的姓名也用假名代替。

特支同志凭记忆整理出一份党的六大精神的摘要，向党员们进行传达；发动狱友通过各种渠道，搞到了一些政治书籍和文艺书籍，在狱中开展读书学习活动。

狱中党员还利用在监视室写信的机会，偷偷咬下墨块，将筷子磨削成竹笔；用治病时讨要来的包药纸编辑了手抄的《伊斯库拉》（俄文，即"火花"的意思）和《洋铁碗》两种秘密刊物。前者主要供政治犯学习，后者供普

浙江陆军监狱的四周围墙上设有瞭望塔，监视着被关押人员的一举一动

通犯阅读。这两种刊物对传达中共狱中特支的意图、沟通狱友思想、组织学习和开展斗争发挥了重要作用。为了便于交流学习心得，他们还发明了盆报，将学习心得抄在脸盆上供大家传看，一旦发现情况就立即擦掉。狱友创作的《囚徒歌》更是在狱中广为传唱，后来还传到上海、南京等地的监狱中。

狱中特支设法与中共杭州市委接上了组织关系，并取得了当时中共中央巡视员卓兰芳的认可，卓兰芳曾指示他们："组织起来，好好学习，加强对群众教育。"

"打豺狼"是狱中斗争的一种形式。为了暗中监视共产党员在狱中的活动，狱方常把叛徒或特务伪装成革命者关进大牢。特支的党员摸清情况后，就故意制造摩擦，开展针锋相对的斗争。特别是快到过年时，狱中开笼，大家有机会出牢房，特支就提出"杀鸡过年"的口号，乘机把叛徒或伪装者围起来，由一部分党员和难友挡住铁门"杀鸡"（意即打叛徒）。

"笼啸"是狱中特支组织狱友与狱方开展斗争的又一种特殊形式。当时的监狱长是一个佛教信徒，狱中特支就利用他特别迷信的弱点，在寂静无声的深夜，由一人领头突然惊叫，其他党员跟着呼叫，声似天崩地裂。监狱长以为牢里出了冤鬼在闹"笼啸"，经常被吓得魂不附体。

"绝食"是狱内斗争运用最多的形式。特支组织狱友为了争取狱中最低生活条件，维护生命与健康，先后发动过多次斗争。

监狱的生活环境十分恶劣，一天两餐，吃的是用发了霉的仓底米做成的饭，里头有沙子、石子、稗子、谷子、虫子，狱友都叫它"五子饭"。吃的菜不但没有油，而且都是菜场上卖剩的或者没人要的发臭的黄叶烂菜。然而，身陷囹圄的革命者们并没有在非人的生活面前折腰，仍然保持高昂的斗争情绪。

第一次绝食斗争是在1928年下半年，狱中特支抓住狱友包炤光被迫害致死的严重事件，全监狱友一致行动，在家属探监那天绝食，提出立即宣布刑期、有病保外治疗、改善生活待遇等正义要求，通过探监家属，他们得到了狱外舆论的支持，斗争取得了胜利。不久，狱中特支又发动了争取改善生活待遇的斗争，向狱方提出了"十大要求"，得到全体狱友的支持，狱方无法驳回，斗争又一次取得了胜利。

经过多次斗争，狱中政治犯的声望得到进一步提高。特别是采取"集体生活"制度后，狱中以轮流值班的办法，捉跳蚤、灭虱子，搞好卫生，以及实行经济公开，统一购买和分配毛巾、肥皂、牙膏等生活必需品，加强狱友之间的团结，从而进一步巩固了狱中特支的战斗堡垒作用。

1930年夏秋之间，全省各地农民暴动和工农红军的武装游击活动屡遭镇压，许多共产党人和革命群众先后被捕，卓兰芳也在这一年9月在杭州

1928年2月10日，《时报》刊载有关浙江陆军监狱的报道

被捕入狱。1931 年 3 月 26 日以邹子侃为首组织领导的越狱斗争流产后，卓兰芳、邹子侃、何觉人等相继在狱中英勇牺牲。在无法与狱外取得联系的情况下，张崇文、寿开庭、高子清、章良道等同志从革命的需要出发，又先后组建了第三、四届狱中特支。

这两届支部认真总结了以往狱中斗争的经验教训，比较明确、完整地提出了狱中党支部的三大任务、四项策略，即"自己解放自己，组织狱友学习，改善囚徒生活""打破消息封锁，争取看守同情，坚持过集体生活，打叛徒"。

随着人员的牺牲和换监，特支成员曾经过数次更换，但斗争一直没有间断。特支领导的活动一直延续到 1936 年才基本结束。

"八·二七血案"

1930 年春夏之交，中共中央通过了《新的革命高潮与一省或几省的首先胜利》的决议案，命令各中心城市的地下党组织立即领导总罢工和举行武装起义。狱中特支接到上级的指示：配合狱外的土地革命。5 月 12 日，不少狱友反对军法处长到监房训话，并提出买书、发书等要求。狱方借口"违反监规"，布置好审讯场面，把裘古怀、鲍悲国、杨晟、陈琳、徐雪寒等 20 多人提出囚牢，当众用藤鞭残酷抽打。这就是"五·一二大拷打"事件。敌人的这种行径激起了狱友的更大义愤，在特支的组织下，狱中斗争不断。

1930 年 7 月，全国各地掀起武装暴动，国民党当局下令各地对在押的政治犯实行镇压。8 月 27 日早 8 时，国民党浙江反动当局在浙江陆军监狱采取了突然行动，监狱长亲自带领军警到各牢房分批提人，19 名政治犯接连被押往刑场，连续的口号声夹着不断的枪声震动了监狱内外，狱内各狱友义愤填膺，《国际歌》歌声震耳欲聋，情景十分悲壮。"八·二七血案"中惨遭杀害的同志是：詹梓祥、李海炽、石天柱、杨晟、边世民、罗学瓒、陈金立、王屏周、叶自然、吴云、余亦民、裘古怀、曹素民、李临光、陈敬森、徐英、贾南坡、赵刚、郑和斋。

这天晚上到次日拂晓，"甲监和丙监各笼的全体狱友们都发出了震耳的笼啸声"。

"牢监大学"

除了通过斗争获得权利外，学习成了狱友的主要任务。特别是狱中特支成立后，利用一切可能的条件，组织狱友学政治、学文化。狱中特支规定：上午读社会科学，下午看文艺书籍或学习外文。

薛暮桥（1904—2005）

骆耕漠（1908—2008）

幸存者之一、著名经济学家薛暮桥就曾将浙江陆军监狱称为"牢监大学"。

中共浙江省委书记张秋人被捕入狱后，不久即被宣判死刑。但他在狱中仍每天坚持看书学习五六小时，并且还动员狱友和他一起学习。同监的薛暮桥曾问他："你既然自知必死无疑，为什么还要每天读书呢？"张秋人说："共产党人活着一天，就要为党工作一天，在牢里既然不能革命，就要天天学习，岂可坐以待毙？"

这一席话使薛暮桥感动不已。从此他以张秋人为榜样，在狱三年半，天天坚持学习。

据薛暮桥回忆，监狱规定囚犯购买书籍必须由监狱长亲自审批并加盖公章。为了能弄到书，狱中的共产党人通常会收买或是糊弄看守。先设法写一半书名"叛徒考茨基"，经批准后再在前面添上"无产阶级革命与"几个字。

经改头换面后传阅的政治类书籍就有《帝国主义是资本主义底最高阶段》《国家与革命》《社会民主党在民主革命中的两个策略》《共产主义运动中的"左派"幼稚病》等马列著作。一部分人还在狱中自学卢森堡的《新经济学》、蔡和森的《社会进化史》、河上肇的《经济学大纲》；阅读《铁流》《毁灭》《小说月报》等进步小说和杂志；自学英语、日语、德语等。薛暮桥、徐雪寒、骆耕漠、杨晟、庄启东等人还自发组成世界语学习小组。这种学习活动，对于提高政治、文化水平，稳定革命情绪，坚定革命信念，起了颇大

囚　徒　歌

革命者在狱中自制的"五子"象棋　　　革命者所作的《囚徒歌》

的作用。

　　同在狱中的骆耕漠也与薛暮桥一样，自学了政治经济学。在后来的社会主义建设中，两人都成为著名经济学家。

　　除了看外带进来的图书，狱中特支还自编教材用于学习。特支宣传委员裘古怀自编了三册以历史题材为内容的"教科书"，组织文化水平不高的狱友学习。党员徐雪寒、李新也自编了《囚徒歌》教大家练唱。革命者崇高的共产主义理想和乐观的革命主义精神，使原本阴晦的监狱变成了学习文化知识、锤炼政治觉悟的大课堂，也成了进行体育锻炼、开展文娱活动的特殊场所。没有活动器械，狱友们自己动手制作，将剩饭和纸屑混合捣成糊，捏圆晒干，制成了简易的象棋；将旧棉花塞在破衣服里做成一个"排球"，用晒衣服的铁丝做球网，放风时坚持锻炼。他们用顽强的生命支撑起崇高的理想，他们坚信："铁窗和镣铐，坚壁和重门，锁得住自由的身，锁不住革命的精神！死的虽然牺牲了，活的依旧是在战斗。努力呀锻炼，勇敢呀奋斗！总有一天的，红旗随着太阳照遍全球！"

更好的纪念

1937 年，抗日战争全面爆发。在中华民族生死存亡的紧要关头，狱中共产党员发动了向狱方写呈文、要求共同抗日的斗争。后在八路军驻南京办事处与国民政府的交涉下，关押在浙江陆军监狱的中共党员大部分被释放。他们为了革命与理想，纷纷投身于轰轰烈烈的抗日浪潮中。

1949 年 5 月 3 日，杭州解放。中国人民解放军华东军区杭州市军事管制委员会（杭州市军管会）发布第一号令，接管了浙江陆军监狱。接管时，狱中还有 18 名政治犯。杭州市军管会召开欢迎大会，欢迎被囚同志出狱，并为其分配工作。

新中国成立初期，浙江陆军监狱的原址先后成为杭州市军管会公安部、浙江省公安厅劳改局的办公地。1984 年，在陆军监狱旧址上建了望湖宾馆。1990 年 9 月，浙江陆军监狱牺牲革命烈士纪念亭在云居山浙江革命烈士纪念馆景区建成并对外开放。2006 年，浙江陆军监狱旧址纪念碑建成。

浙江陆军监狱，留给后人的不仅仅是牺牲和鲜血，更是共产党人对共产主义远大理想的坚贞。

浙江陆军监狱牺牲烈士纪念亭

星火燎原
——"三毛一虎"惊春雷

　　大革命失败后，杭州党组织在白色恐怖下继续坚持斗争，武装反抗国民党反动派的统治。党组织多次遭到破坏，负责干部也先后被捕，革命斗争在曲折中前进。鉴于此，1929 年 8 月，中央决定改组杭州中心市委为杭州市委，恢复建立了 14 个支部。

两镇党组织的建立

　　"四·一二"反革命政变后，杭州地委派马东林、马国华到鸭兰村秘密开辟党的工作。1927 年 6 月，杭县农村第一个党支部——鸭兰村支部成立了，

中共鸭兰村支部旧址

中共西镇区委旧址

由马国华担任书记。鸭兰村支部建立后，根据省委的指示，马东林、马国华在运河西岸的林家坞和行宫塘等地继续发展党员，先后建立了王家庄、林家坞、行宫塘等 3 个党支部。10 月，县委决定建立中共西镇区委。

西镇是当时杭县的一个区，范围包括了现在的拱宸桥以北至良渚的大片区域。区委成立后，积极宣传党的政治主张，秘密领导农民协会，推行"二五"减租，开展农民运动，并着手准备组织农民暴动。

1927 年 10 月 10 日，中共西镇区委、区农民协会以庆祝"双十节"为名，组织西镇地区各乡农民群众 1 万多人在独山举行万人大会，农民群众手持写着"实行土地革命""打倒土豪劣绅""农民兄弟团结起来"等口号的小彩旗，高呼口号，浩浩荡荡列队进入会场。中共浙江省委组织部主任王家谟在会上宣传了革命形势，鼓励群众在革命低潮时要看到光明，看到希望。大会后，举行了盛大的示威游行，口号声响彻云霄。这次大会极大地鼓舞了农民群众的斗争信心，推动西镇地区农民运动冲破白色恐怖再次迅猛发展。几个月内，63 个乡、村恢复和成立了农民协会，发展会员 1 万多名，涌现出一批革命骨干，为西镇农民大暴动奠定了基础。

发动更广大的农民

1930 年 4 月，中共中央巡视员卓兰芳到杭州改组了杭州市委并成立了以党、工、团委为主体的杭州市行动委员会，统一领导杭州、杭县、德清等地的斗争，组织各地的工人斗争和农民暴动。

这是因为一个月前，中共中央给杭州市委发出指示信："西镇的农民工作，必须注意雇农工会的建立与农协工作的扩大。在春荒斗争中，积极有组织地发动游击战争，以扩大斗争的范围，发动更广大的群众，以走向地方暴动。"根据中央的指示，杭州市行动委员会部署了举行以诸暨为中心的浙西总暴动和省城附近十几个县围攻杭州的暴动计划。

4 月，杭县县委决定在西镇太平庵召开党员代表会议。林家坄支部的党员林杏松、林连生负责接送代表，他们把船摇到拱宸桥附近的指定地点，按规定暗号与代表接头。暗号是把一张《东南日报》折好插在衣袋里，只露出"东南"两字，当看到来人关注"东南"二字时，就用手捋捋头发，若来人也以同样动作作答，便确定是被接的同志，接引他们上船。这次会议选举了新的县委，并再次讨论了农民暴动的问题，根据县委太平庵会议精神，决定继续发展壮大党的队伍，进行武装暴动的准备。

农运骨干"三毛一虎"

西镇暴动由唐运乾（唐阿毛）、袁金毛、费善宝（乳名阿毛）、沈老虎 4 位农运骨干负责领导，人称"三毛一虎"。

唐阿毛，字运乾，又名阿毛，早年丧父，迫于生计，

杭县西镇丰禾乡农民协会布告

唐运乾（1901—1930）　　袁金毛（1902—1930）　　费善宝（1904—1930）　　沈老虎（1901—1930）

为地主做长工，因不堪凌辱，改以杀猪为业。1927年参加共产党领导的农民运动，任云会乡农民协会主任，积极投入减租减息斗争中。第二年春天，唐运乾加入了中国共产党，他与袁金毛等人参加中共西镇区委组织的春荒斗争，取得胜利，并在良渚、陈家角等地发展党员10余名。1929年6月，中共西镇区委被破坏，唐运乾不顾个人安危，冒险与党组织取得了联系，继续开展党的活动。7月，他参与建立栅庄桥、良渚与陈家角党支部，并任中共栅庄桥支部书记。

袁金毛一家三口，靠做短工糊口，后以撑渡船度日。1927年秋，他和唐运乾一起联络农民建立李家桥村农民协会，成为云会乡农民协会负责人之一。

费善宝，乳名阿毛，从小受尽地主压榨，生活困苦。1927年参加中国共产党秘密领导的农民协会，投入减租减息和反霸斗争。1928年4月加入中国共产党。

沈老虎，家贫，从小勤劳、正直、勇敢。1927年加入中国共产党，从事农民运动，先后发展了10多人入党，1929年参与筹建杭县塘畈村（今祥符街道总管堂社区）支部，同年10月组织塘畈村农民协会，被选为领导人之一。

1930年5月12日，杭州市行动委员会在拱宸桥附近的茶汤桥召开西镇区、德清县代表会议，研究部署两地的暴动计划。会议决定将西镇区划为塘畈村、汤家坝、林家圩3处集结地，暴动队伍在汤家坝汇合，入瓶窑而至余杭、临安或富阳，发动沿途农民参加分粮和加薪斗争，扩大群众基础。

"三毛一虎"详细制订了暴动计划，规定了行动时间、路线、口号和汇合地点。沈老虎提出"惩罚地主、开仓分粮、解决农民青黄不接"的口号，得到大家一致赞同。

轰轰烈烈的斗争

1930年5月19日至21日，西镇区40多个自然村的2200多位农民，分四路举行声势浩大的武装暴动。第一路600余人由塘畈村党支部书记沈老虎率领，第二路400余人由汤家坝村党支部书记俞和尚、费善宝率领，第三路600余人由林家坼村党支部书记林杏松率领，第四路600余人由栅庄桥村党支部书记唐运乾和云会乡农会负责人袁金毛率领。各路队伍佩戴着统一的"实行土地革命"的袖章，手持猎枪、马刀、锄头、木棍，高呼"打倒贪官污吏""打倒土豪劣绅"等口号，向预定目标挺进。

5月19日夜，塘畈村党支部书记沈老虎率领总管堂、周家埭、吴家库、郭家库、王家门、库头坼等10余个村的600多位农民率先开始行动，队伍在谢尚书庙集结后，迅速包围了驻扎在新佛寺的地主武装"保卫团"，愤怒的农民把"保卫团"头子打得躺在地上嚎叫。"保卫团"弃械而逃，暴动队伍首战告捷，缴获了步枪和马刀。接着又转向毛家里，沈老虎率众打开地主的粮仓，将全部粮食分给了贫苦农民，并当场烧毁文契、账册和13间房屋。22日凌晨，

西镇暴动队伍集结地之一——原云会乡姚家圩

西镇暴动时群众使用的武器

队伍开往勾庄途中，在小洋坝元庆桥边与国民党巡警队遭遇，暴动队伍被打散。

汤家坝、吴家桥等14个村的400余位农民，也在19日行动起来，烧地契，砸家具，烧房屋，开仓分粮5000多斤。22日，暴动队伍按计划前往勾庄，准备缴驻在勾庄大林茧行里的警察班的武器，再与塘畈村的暴动队伍会师。在途经通信桥时，被茧行的警察发觉并开枪射击，数名农民受伤，队伍受阻。费善宝面对敌人的子弹没有退缩，带领一部分农民避开敌人火力，继续前进，到达勾庄。敌人追到勾庄，费善宝被捕，这路暴动队伍也被镇压。

21日深夜，林家坵党支部书记林杏松率领林家坵、上坝儿等村的600余人举行暴动，清算地主，开仓分粮，然后前往姚家圩，增援唐运乾领导的暴动队伍。同日，唐运乾、袁金毛率领栅庄桥一带农民600余人，在姚家圩集结，直捣大地主沈天禄家。因沈天禄事先得知暴动的消息，并把情报送给了巡警队，巡警队从谢村、良渚调集警力，连夜赶往姚家圩。暴动刚开始，巡警队就赶到了，暴动队伍与巡警展开激烈搏斗。袁金毛以一战三，夺取巡警枪支，跳河而去。唐运乾一面指挥拦击敌人，一面组织撤退。

壮怀激烈　英勇赴死

暴动失败后，杭城戒严。

5月24日，杭州市行动委员会在杭州市区连续组织3次"飞行集会"，散发传单，声援西镇暴动。当局派出武装军警800余人，到西镇大肆抓捕共产党员和暴动群众，并悬赏捉拿暴动领导人，凡捉住者赏500大洋，报信者赏50大洋。先后有82人被捕，其中共产党员57名。

国民党政府悬赏捉拿唐运乾、袁金毛等人。军警前往袁金毛家搜捕，扬言"如不交出袁金毛，就要收回李家桥18户佃农

▲本年四月间，杭县西镇发生民暴动，受共党周某指使，组织反动机关，由唐运乾、沈老虎费善宝袁金毛四人为首，"手执红旗、号召无识愚民、奔赴群符桥吴家沙一带、抢劫剖有福等八家、经军警捕获解送省政府保安处、讯供加入共党不讳、今日（十六）上午由省会同公安局会同内河水警局、将该四犯提出绑赴西镇执行枪毙。

（十六日）

1930年10月17日，《申报》对杭县西镇暴动的报道

的租田"。袁金毛为避免群众受牵累，闻讯后挺身而出，返家从容就捕。唐运乾用沸油烫灼脸部，变成"麻子"，剃去头发，扮成船老大，遁迹江苏枫泾；7月间，被地主魏甫文告发后被捕。沈老虎脱险后避居拱宸桥、余杭等地；8月，被叛徒出卖，在杭州草桥门（今望江门）外被捕。

"三毛一虎"等相继被关押进浙江陆军监狱。在监狱里，他们受尽酷刑，依然坚贞不屈。

1930年10月16日，"三毛一虎"在义桥运河塘（今杭长铁路运河大桥南侧）英勇就义。

西镇农民暴动是中国共产党领导广大农民积极参加的革命武装暴动，打击了西镇地区的地主势力，震撼了杭州城乡，在全国产生了重要影响。大暴动虽然失败了，但已在农民群众心中埋下革命种子，是拱墅农民革命暴动的第一声惊雷。

大运河畔浙窑公园内的"三毛一虎"塑像

生死较量

——拱墅地区工人罢工运动

　　翻开辉煌的杭州革命史，工人运动无疑是重要的一章。杭州是最早出现产业工人的城市之一，辛亥革命之后，中国民族工业的发展进入"黄金期"。在此期间，杭州先后创设丝绸厂、布厂，火柴、碾米、造纸、皂烛、玻璃、制伞等手工业企业也陆续在杭州开办。这些企业都雇有一定数量的工人，尤其是纱厂、布厂等劳动密集型企业。杭州的产业工人队伍日益壮大。

　　拱墅东街东园巷一带机坊、染坊、市场、店铺林立，福华、天成、纬成、天章、虎林等丝织企业中集聚了众多产业工人，拱墅地区遂成为杭州现代丝织业的发祥地和集聚区。

20 世纪 30 年代的拱宸桥地区

1928 年第 2 卷第 7 期《国货评论刊》刊载的纬成公司缫丝工场图片

为争取权益而斗争

在五四运动中，杭州工人阶级较早投身这场反帝爱国运动。与上海工人大罢工相呼应，以纬成公司丝绸工人为首的杭州工人开始罢工。产业工人投身于经济斗争和反帝反封建运动，既是他们身心饱受摧残之后的本能反抗，也是受先进知识分子鼓动和引导。这一时期，马克思主义思想正逐渐渗透到社会各个领域。1919 年 11 月 1 日，浙江宣传马克思主义的最早刊物《浙江新潮》在杭州创刊印行。1920 年 11 月，俞秀松、宣中华、刘大白等又在杭州成立"悟社"，专门研究社会主义，并不遗余力地鼓动工人与资本家抗争。

中国共产党成立之后，工人阶级在党的领导下展现出巨大能量，工人运动转变为推翻资本主义剥削、压迫和统治，争取民族独立和民族解放，以及争取政治权利的革命力量，渐渐成为维护工人权益、显示正义力量、迎接新中国的一股不可阻挡的社会潮流。

1926 年 3 月，杭州虎林公司工人为增加工资首先罢工，并派代表四处联络。全市各大丝绸厂随即实行同盟罢工，人数多达 5000 余人。在中共杭州党团组织的领导下，罢工领导机构——临时职工联合会成立，提出增加工资、承认工会等 18 项交涉条件，还组织工人上街游行示威。游行队伍与前来镇压的警察发生冲突。工人被打伤者 10 余人，被捕者 20 余人。最后资方同业公会被迫答应了工人们提出的全部经济要求。

1928年3月，杭州首次工人代表大会召开，并在湖墅等地设立办事处，指导工人运动。不久，杭州纬成、元成、大新等各大丝织厂的工人发表宣言，为谋取18条权益举行了大罢工。

彼时杭州的工业以丝绸、棉纺织为主，拱墅又是工厂相对集中的地区，党的活动重点也就放在丝织、棉纺行业中的庆成、纬成、天成等厂。这些厂内不但保持了党的支部组织，而且斗争不断。通过罢工斗争，党的威信在工人中日渐提高。

值得一提的是，在杭州工运史上，原杭州第一棉纺织厂的罢工运动具有样本意义。

纱厂工人的九次罢工

原杭州第一棉纺织厂（简称杭一棉）是一家具有光荣革命传统的百年老厂，正是在这里诞生了浙江近代工业和产业工人队伍。从清光绪十五年（1889）创办到1949年新中国成立的60年中，工人们为了生存和尊严，曾先后进行过九次罢工斗争。

杭一棉的前身为"通益公纱厂"，1912年改名"鼎新纱厂"。近代中国社会，

位于运河边的杭州鼎新纱厂（约拍摄于1915年）

产业工人须承受资本家残酷的剥削和社会沉重的压迫。拱宸桥边各大工厂工人劳动条件之恶劣、劳动强度之大、劳动时间之长和劳动报酬之低，骇人听闻。"鸡叫出门，鬼叫进门"，成了工人生活的形象写照。纱厂工人劳动没有间歇，连吃饭也不停车。鼎新纱厂流行着这样一首民谣："花厂阿妹真苦恼，花衣一碗冷饭开水泡。"1905年，通益公纱厂一般工人工资每日（工作12小时）二角左右，15岁童工每日仅得七八分。老、病、死、残带来的威胁，像幽灵一样缠绕着工人。

1915年，鼎新纱厂总办高懿丞为了赚取银行利息，故意拖欠工人工资。工人们怒火中烧，决定推选代表和资本家交涉。高懿丞竟勾结警察把工人代表范阿龙、严阿昌抓进杭州第三区警署关押起来。饥寒交迫的工人们愤怒了，进行了第一次大罢工，全厂600余名工人包围了杭州第三区警署，要求释放工人代表并按时发放工资，罢工持续了两天。当时正值生产销售旺季，资本家眼见工厂停产损失巨大，只好请求警察释放工人并发放先前拖欠的工资。纱厂工人的第一次罢工取得了胜利。

1917年9月，鼎新纱厂工人反对副厂长"汪癫痢"的行动，也体现了他们无畏的斗争精神。汪原是工头，因卖力管理、欺压工人而获老板赏识，被提升为副厂长。工人们对他恨之入骨。经过事先秘密商议，有一天趁"汪癫

1914 年 11 月 5 日，《申报》刊载《浙江鼎新纱厂罢工风潮纪》

20 世纪 30 年代三友社杭厂大门

痫"一人来车间督工之机，早有准备的工人们立刻关闭大门，把纱筒从四面
八方向汪掷去。汪四处逃窜，想躲进厕所暂避风头，冷不防清洁工人也劈面
给他一勺大粪，弄得他狼狈不堪。事后，资本家布告开除带头"闹事"的工人。
工人们已体会到了集体行动的力量，立即以罢工来对抗。资方见汪激起众怒，
转而辞退"汪癞痫"，以平息事态。

1928 年，鼎新纱厂改名为"三友实业社"。1931 年，三友实业社的抄身
婆在搜查时，对一名身体不适的女工滥施淫威，激起公愤。第二天，全厂
2000 余名工人为捍卫人格尊严，全部停工，向资方提出复工条件，其中包括
撤换抄身婆，保证以后不再无理搜身，以及厂方向工人道歉。资方见工头触
犯众怒，就撤换了四个民愤极大的抄身婆，并拉响汽笛三遍，向工人道歉。

三友实业社的老板还曾采用过一个只顾追求利润、不顾工人生活的剥削
方法：当棉花价贱、开工划算时，就买棉开工；反之，则停工卖棉。全面抗
战爆发前，因为投机生意，厂里经常性开工不足，老板就安排工人每天上半
天班，但只发原来四分之一的工资（简称二五工资），引起工人们的极大不满，

被监视劳动的杭州三友实业社童工

站在工人身后的"拿摩温"

抄身婆（《旧上海百丑图》2002 年版）

新中国成立后，鼎新纱厂退休老工人寿阿五正在和沈阿成述说新旧社会的乐与苦

第四次罢工开始。国民党警察署逮捕了工人代表寿阿五，责问他为什么要为（带）头闹事，寿阿五理直气壮地回答："我不是为头，我是为饭，我们厂里的小女工原来一天只有一角钱的工资，如果实行二五工资，她们一天只能拿到二分五厘钱，叫我们工人怎么活？"由于工人们团结斗争，国民党警察署只好释放工人代表寿阿五，"二五工资"也从此销声匿迹。

1945年8月，原"三友实业社"更名为"杭州第一纱厂"。在战争中饱受日本侵略者残酷压迫的工人们在欢庆胜利的同时，提出了"不增加工资不复工"的口号。遭拒绝后，厂里约400名工人开始了持续三天的罢工，最终迫使资本家增加了工资。同年年底，工人们提出年底发双薪的要求，遭到厂方拒绝，他们再次举行罢工，厂方派出工务代表和工人代表谈判了几次，但都未能达成统一。厂方担心罢工的时间越长工厂损失越大，只能基本同意了年底发双薪的要求，纺织工人们的第五、第六次罢工斗争取得了胜利。

抗战胜利以后，工人们依旧面临着严酷的现实，他们对国民党的统治日益感到失望和不满，意识到只有斗争才能争取社会的和平民主，才能维护自己的利益和尊严。

1946年7月29日，因物价上涨，杭州第一纱厂和长安纱厂两厂工人向厂方提出四点要求：一、增加工人工资35%；二、发给每个工人白布13尺；三、女工产假发一个月的工资；四、每天工作时间从12小时改为10小时。厂方没有答应工人的要求，工人们进行了历史上的第七次罢工。后经国民党杭州市社会局劳资评断委员会调解，8月16日给出了调解意见：一、工资暂不增加；二、每个工人发白布13尺；三、女工产假发一个月工资；四、为保持生产的连续性，每天工作时间仍为12小时，但厂方增加发放每个工人基本工资十二分之一的津贴。罢工基本取得胜利。

随着解放战争的爆发，国统区经济危机日渐加深，物价开始直线上涨。国民党政府的内战政策，激起国统区各阶层人民的强烈不满和抗议。1947年4月27日，杭州第一纱厂工人首先进行罢工，要求补发工资差额。5月2日，以各业工人为主体，爆发了杭州历史上最大的打米店风潮，湖墅一带的粮店均被捣毁。在中国共产党的领导和影响下，1947年5月，首先在全国学生中爆发了以"反饥饿、反内战、反暴行"为口号的正义运动。与此相呼应，

杭州第一纱厂的整经车间

浙江工人的罢工浪潮也汹涌澎湃地展开。

群众还冲击市警察二分局。政府调遣大批保安和警察前往镇压，这次打米店风潮，一直持续到 3 日清晨 1 时才平息，杭州城有 300 多家大小粮店被毁。杭州"五二"打米店风潮规模之大、人数之多、行动之激烈，堪称空前。打米店风潮更是震动了国民党中央。浙江省有关当局更是惊恐万状，手忙脚乱。在群众的压力下，杭州市政府不得不采取几项善后措施。引起打米店风潮的直接原因，是国民党政府限制、冻结工人工资指数。他们出此一招，是为了减轻经济危机，以便把内战继续下去。因此，这一风潮也是浙江工人反对蒋介石内战政策的一个重要组成部分。它的突然爆发，使当局措手不及，打乱了国民党的阵脚。5 月 3 日，国民政府行政院院长张群专门对粮食问题做报告，规定各省粮食可以自由运行，"遵照平价办法自动议价"。

经过各地人民的激烈斗争，国民党当局不得不在 5 月宣布"指数解冻"，重新按生活费指数发放工资。

1947 年 9 月 25 日，第一纱厂工人们向厂方提出工资折实（按照物价指数结算工资）和公布底薪的要求，厂长张文贽自恃有国民党的罢工禁令，傲慢地不予理睬。工人们气愤极了，车工何信元等人商量决定，为了避免政府找到直接干预罢工的口实，先采用开空车消极怠工的方法进行抗争，待时机成熟时，再全体罢工。

第二天，只见车子呼呼转，却不见产品出来。工头不知有计，走过来关车。工人们趁此机会，一面围着工头论理，一面通知全厂工人把10000多枚纱锭、600多台布机停下来。

罢工开始，1500余名工人自动组织起来，分别守住大门和电话，把整个工厂封锁起来，还扣住厂长和工头。几天后，厂长张文赓偷偷地溜走了。随后，大批荷枪实弹的警察冲进厂里，局势进一步紧张。工人们团团围住警察，向他们开展政治攻势，不仅取得了大部分警察的同情，还扣住了几名最蛮横的警察。厂方见硬的不行，就来软的一手，派纺织业"黄色工会"理事进厂和工人谈判，答应工人只要放出扣押的警察并复工，所提的条件就可以接受。后厂方权衡再三，被迫表面上答应工人们的要求，并给每个工人发放白布一丈三尺，罢工期间的工资照发。复工后，厂长张文赓向杭州市市长和保安司令密告了罢工积极分子名单，并向他们提供了罢工积极分子的照片。

杭州市政府接到报告，认为"国家戡乱期间，发生此严重不法行为，有整饬之必要"。10月5日，国民党杭州市政府发出社（工）字第76号布告，称"工人的罢工是扰乱社会秩序的行为"，宣布对拱宸桥地区实行戒严，并派出一个连的军队开进工厂进行镇压。军队进厂后，宣布杭州第一纱厂进行停产整顿。他们逮捕了工人鲁孝福、潘其宝、张根泉等12人，并将他们投入监狱；又对所有工人进行重新登记，要求每个工人必须要有商店老板或保、甲长等"有头有脸"的人担保，对登记合格的工人发给由国民党杭州市政府颁发的证件。同时又以登记不合格为借口，开除参加罢工的81名工人。停产整顿一个星期后，厂方宣布重新开工，规定工人进厂上班必须出示国民党杭州市政府颁发的通行证，没有通行证的人员一律不得进入厂区。

拱墅是我国近代工业产生最早的地区之一，历史上无数次的工人罢工斗争显示了中国工人阶级坚定的革命性和坚强的战斗力。

同心同德一戎衣

——拱宸桥见证抗战胜利

"四万万人齐蹈厉，同心同德一戎衣。"那是一场艰苦卓绝的反侵略战争，14年抗战，无论是正面战场还是敌后战场，中国人民同仇敌忾、共赴国难，以血肉之躯筑起拯救民族危亡、捍卫民族尊严的钢铁长城，用生命和鲜血谱写了中华民族历史上抵御外侮的伟大篇章。

拱墅和日本产生关系要从甲午海战说起。杭州日租界是近代中国五个在

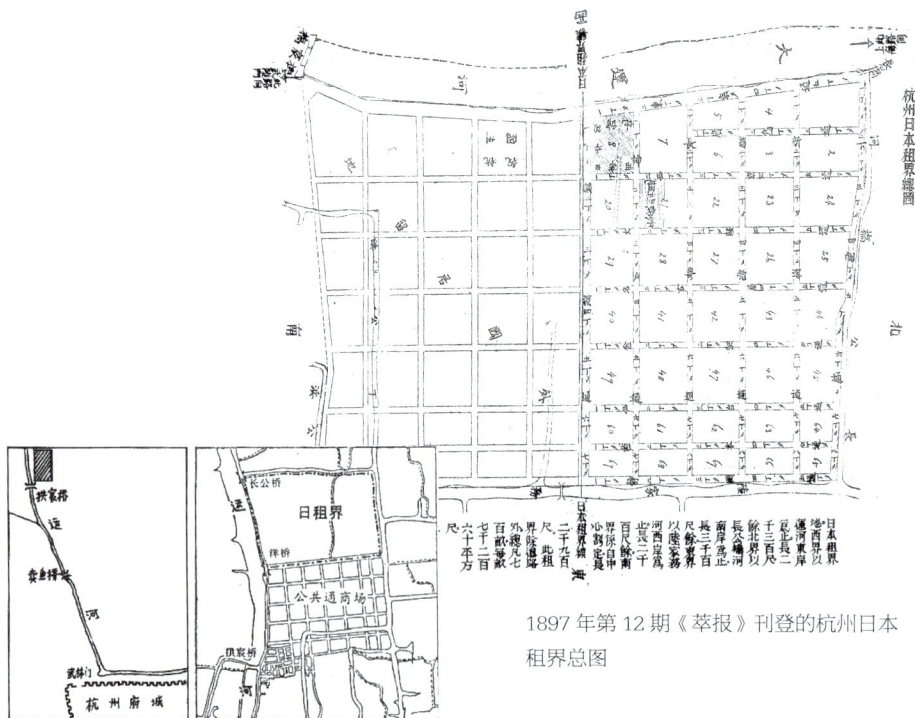

1897 年第 12 期《萃报》刊登的杭州日本租界总图

《浙江通史》（第九卷）刊载的杭州日租界及公共通商场图

华日租界之一。拱宸桥也因此一度成为杭州日租界的代名词。1895年，甲午战争清政府惨败后，被迫与日本签订了丧权辱国的《马关条约》。日本要求在杭州等城市开辟通商口岸。经过一年多的谈判，清政府和日本议定了拱宸桥地区为日本"通商场"，并在通商场北段设立日租界。1896年9月26日，拱宸桥通商场和日租界同时开始使用。《杭州日租界续议章程》规定："界内所有马路、桥梁、沟渠、码头以及巡捕之权，由日本领事馆管理。其马路、桥梁、沟渠、码头，今议由日本领事馆修造，与中国地方官无涉。"日本堂而皇之经营起拱宸桥地区。

从此拱宸桥翻开了屈辱的历史。开埠之后，日本的商人、侨民开始在此定居，腰佩刀剑、披头散发的日本浪人也涌入了拱宸桥，他们和原本就盘踞在此的帮会势力相互勾结，拱宸桥地区畸形地"繁荣"起来。

1937年7月，抗日战争全面爆发，杭州日本租界内的日侨先后离杭。1937年12月，杭州沦陷后，日租界又重新恢复起来。1943年3月，汪伪政府接收了杭州日租界，然而，实际上仍由日本人控制并霸占着，直至1945年抗战胜利后中国才无条件收回日租界。

杭州海关"洋关"旧址

日军盘踞下的杭州街市

在这片古老而厚重的土地上，拱墅人民同日本侵略者展开了英勇顽强、坚韧不屈的斗争，为夺取抗战胜利做出了自己的贡献。

华丰造纸厂的抗争

竺梅先（1889—1942）

1931 年，日本发动九一八事变。华丰造纸厂（简称华丰厂）的创办人竺梅先、金润庠在《申报》上花费数千元广告费，领衔刊登了大幅的《全国同胞公鉴》，公开与国民党政府的不抵抗政策针锋相对，倡议"宁为玉碎不愿瓦全"，呼吁全国同胞奋起抗日，同时他们也积极投入到抗战救国中。这是《申报》刊登的第一篇实业界人士的抗日宣言。

华丰厂在他们的带领下，率先行动，拒进日本原料和设备。淞沪会战的第五天，1937 年 8 月 17 日，华丰厂即宣布全面停产。19 日，《申报》上出现华丰厂的大幅告示：企业停工，办公暂移。

1937 年 12 月 24 日，杭州沦陷。华丰厂被日军接管，由作新制纸株式会社强占经营，并改名为杭州造纸厂，但华丰

全國同胞公鑒

1931 年 9 月 29 日，竺梅先、金润庠共同在《申报》发表《全国同胞公鉴》

人的抗争却并未停歇。

1938 年 10 月，在日本军部的支持下，日本浪人通过德国驻上海领事馆多次要求与竺梅先合作办厂，均遭到竺梅先的严词拒绝。次年 10 月，日本浪人计划设宴庆祝"开工一周年"，而一场谋划已久的华丰厂工人的反抗斗争也即将爆发。

就在日本人组织周年庆活动的当天，造纸间领班赵金城等 4 人将预先准备好的定时炸弹放进蒸汽机气缸中。下午 5 时许，一声巨响，整个工厂由于失去动力而陷入瘫痪。

工人们用玉石俱焚的方式，宣告了对侵略者的强烈不满和反抗。气急败坏的日本军部和浪人对华丰厂工人进行了疯狂报复。爆炸次日，日本宪兵将华丰厂的俞田章、谢奕堂、沈金生等9人抓捕到位于拱宸桥的日本宪兵队，严刑拷打逼供。被抓的工人们坚贞不屈，始终没有吐露只言片语。在此期间，为避免被抓工人受到更大的伤害，赵金城等人主动暴露身份，逃离杭州，以引开日本宪兵队的注意，但沈金生终因伤势过重而牺牲。

直到一年多后，日本人才修复蒸汽机气缸，重新开工生产，然而华丰工人们的斗争仍在继续。

1941年，日本商人浅岗信夫接管华丰厂。1942年，创始人竺梅先去世，金润庠以华丰厂是中国公民的私有财产为由，与日本方面据理力争，迫使浅岗信夫签订了为期5年的工厂租赁契约。1945年，抗日战争胜利前夕，金润庠为阻止日商在投降前把厂内资产盗去日本，便派遣人员居住在工厂附近进行监视。8月15日，日本投降。华丰厂工人迅速进入厂内，拿着租约和厂内资产清单，从日商手中接收了华丰厂的全部财产。

抗敌突击战拱墅

杭州可谓是浙江乃至中国受日军侵略时间最长、战祸波及范围最广、损失也最为惨重的城市之一。在烽火连天的艰苦岁月里，杭州人民救亡图存、保家卫国，谱写了一曲曲抗战壮歌。其中，浙江省国民抗敌自卫团与侵杭日军作战的表现可圈可点。

杭州抗日斗争的蓬勃发展及抗敌自卫团的成立，还要从周恩来的杭州之行说起。

1937年3月，周恩来秘密来到杭州，与蒋介石谈判国共两党停止内战、联合抗日的重大事宜，为实现国共联合抗日迈出重要一步。黄绍竑以中共的《抗日救国十大纲领》为基础，实施《浙江省战时政治纲领》。1938年6月，浙江省国民抗敌自卫团成立，黄绍竑兼任总司令。两年后，周恩来再次来到杭州。在天目山，周恩来与国民政府浙江省主席黄绍竑进行了多次商谈，晓

时任浙江省主席兼第三战区副司令的黄绍竑　　1939 年 6 月 11 日，《申报》刊载拱墅激战的新闻

以民族利益之大义，并与黄绍竑共商了团结抗日、巩固和发展统一战线的问题。中共中央还选派张爱萍等人前来浙江，帮助黄绍竑组织和发动民众。

在政治取向上，抗敌自卫团在成立初期与中共党组织有着较为密切的合作，不少中共党员参与了部队的组建，他们深入部队，在部队中采用了红军时期的政治制度，政治工作受到了高度的重视，对培养官兵的抗日精神起了重要作用。抗敌自卫团，宣传尚武精神，积极开展各类军事训练，不断提高自身战斗力。中共对抗敌自卫团的影响，除了参与部队的组建、政训工作之外，另外的一个重要方面就是指挥和领导抗敌自卫团相关部队对日作战。

1939 年 10 月至 11 月，抗敌自卫团对盘踞在杭州的日军发起了突击，史称"三进杭州"战役。其中拱宸桥、湖墅地区的战斗有力地助推了战役的胜利。

1939 年 10 月 14 日晚 9 时许，国民抗敌自卫团总司令部特务队分兵数路进攻杭州，其中一路由武林门攻入，在宝庆桥、半道红等处焚毁日军营房多处；另一路在拱埠、湖墅一带，举火 10 余处，焚毁日军兰花厂数家，继而又与三大厂内日军发生激烈巷战，击毙日军 10 余人。

11 月 10 日晚，抗敌自卫团相关部队与日军在杭州外围展开激战，双方交锋数小时，互以机枪、步枪射击，抗敌自卫团相关部队焚毁日军营房 300 余间。

作为日军统治杭州的重要地带，拱墅地区突击战的胜利，不仅沉重打击了侵杭日军的嚣张气焰，也极大地激发了杭州军民的抗日热情。在中国共产党倡导建立的抗日民族统一战线旗帜下，广大军民义无反顾地投身到抗击日本侵略者的斗争之中。

　　早在1935年4月，为继续霸占拱宸桥地区，日本政府向国民党当局提出"拱宸桥日租界延长30年租期"的续租要求。该要求竟得到了国民党当局准许。全面抗战爆发后，拱墅地区成了比较特殊的区域。12月24日，日军分三路入侵杭州，杭州沦陷。日军在洋关设立大本营，驻扎宪兵队队部。而新建不久的桑庐养蚕育种基地也被日本海军内河水上巡逻队霸占。日军强占工厂，并在租界内划出一片土地，专做杀害中国人的刑场。杭县日军特务班、杭县警察局也均设于拱宸桥，一切日伪杭县县公署的指令都是从拱宸桥地区发出的，日军对杭县的清乡、讨伐、扫荡都是在拱宸桥集结后实施的。

　　1938年10月，日军已在拱宸桥设立三个基地：桑庐海军基地，常年停泊两艘登陆艇，建造时毁坏农田数十亩；高公馆陆军基地，建造时拆毁周边50多户民房；洋关宪兵队基地，外围拉有电网，多次致使平民死亡。

　　沦陷后的拱墅地区一片萧条，充满恐怖。原本热闹繁盛的拱宸桥被烧得面目全非。1941年12月8日，驻杭州拱宸桥日军宪兵队在大关至康家桥直街，遇抗日便衣队袭击，日军宪兵队竟放火烧毁得意楼茶店，大火延续了

活跃在杭州城郊的抗日游击队

数小时之久，损毁民居 87 家。

日军除了实行"杀光、烧光、抢光"的"三光政策"，还大肆破坏城市重要设施。江墅铁路是浙江省历史上第一条铁路，1906 年 11 月开工建设，1907 年全线通车。江墅铁路的开通运行，对当时拱宸桥地区的经济繁荣起到了很大的推动作用。全面抗战爆发前夕，拱宸站年进出旅客近 60 万人次，兴旺景象可见一斑。1937 年，国民党撤退时，将江墅铁路上的两座桥梁炸毁。1944 年，侵华日军将江墅铁路的北段（艮山门至拱宸桥段）全部拆除，江墅铁路就此不复存在。

"战争的伟力之最深厚的根源，存在于民众之中。"在上级党组织的指导和帮助下，杭州各县区的党员高举抗日民族统一战线大旗，积极参与和领导抗日救亡活动，团结一切可以团结的力量，组织和发动群众抗日，发展新生力量。杭州地下党组织和游击队等抗日志士广泛开展游击战争，他们炸桥梁、毁公路、袭战车、拔据点、杀汉奸，大涨士气。游击队员曾乔装打扮，在湖墅用手榴弹炸死二三十名日本宪兵。

杭州市拱宸桥大同路中心国民学校（今拱宸桥小学）的青年教师宋光渭就是一名抗日英雄。他是杭州人，家住湖墅大夫坊 37 号。因痛恨日寇侵略中国，宋光渭不顾危险参加了抗敌后援会。1940 年暑假，新婚不久的宋光渭不幸被日军宪兵队逮捕，不久，在众安桥宪兵司令部内惨遭杀害，牺牲时年仅 20 岁。

1945 年 9 月，杭州人民和全国人民一起迎来了抗战的伟大胜利。日本宣布无条件投降后，日本侵略者驻拱宸桥部缴械投降。9 月 5 日，在拱宸桥附近的日军训练场地上，一支五六十人的日军正式向中国军队投降。在民众、工商界及爱国人士的见证下，中国军人向日军发出跪下缴枪投降的命令。日军少佐弃枪、下跪，双手举起，指挥官恭敬地呈上指挥刀。随后，中国军人对日本投降士兵训话。中国军人在训话中谴责日本军国主义者发动侵华战争、

華軍攻入拱宸橋

克湖墅大關等處
日軍退杭市死守

◎金華便衣隊攻入杭州拱宸橋、並克復湖墅大關等處，現

六日晚華軍某部進迫武林門、日軍退杭市死守、華軍克湖墅時、燬民房三百餘間（九日專電）

1939 年 6 月 10 日，《申报》刊载《华军攻入拱宸桥》报道

残害中国人民，谴责其对中国乃至全世界造成的巨大伤害。整个受降仪式持续约1小时。

受降仪式结束后，中国军队又赴拱宸桥西的日军仓库执行物资查收任务。当时，拱宸桥西有3座日军的军械仓库，并驻有日军小队。中国军队到达后，日军小队长龟山少尉呈交了仓库物资清单。随后，中国查收人员对照物资清单，逐一清点、验收。整个过程持续了一整天。查收完毕后，中日双方队长在清单上签字确认。

拱宸桥畔举行的侵华日军缴械投降仪式，不仅昭示着正义终究战胜了邪恶，也宣告了长达半个世纪的拱宸桥日租界被无条件正式收回。历史不应被忘却和淹没，运河儿女的抗争事迹值得铭记和传承。

侵华日军在拱宸桥缴械投降地纪念碑

破晓之光

——新中国成立前夕拱墅地区的护厂护校运动

随着渡江战役的顺利进行，国民党部队纷纷溃逃，浙江各大城市的解放已指日可待。

1949年3月，为做好迎接解放的准备，中共中央上海局派林枫来杭州，建立中共杭州市委，下设青年、职工、文教工作委员会等机构。中共杭州市委根据中央和上海局的指示，将保护城市、迎接解放作为自己的中心任务，开展了"反破坏、反迁移、保卫城市建设、迎接大军解放"的斗争。工人、学生的爱国民主运动逐渐改变了形式，由公开大规模的罢工和群众斗争转到了护厂、护校、保护国家资产和维护社会治安方面，保护工厂、学校和市政设施的工作悄然无声地进行着。

把完整的工厂交给人民

中共杭州市委成立后，对党员进行形势教育、城市政策教育和会师教育，对杭州的政治、经济进行调查并秘密转报解放区。杭州各工厂的工人们利用"黄色总工会"组织的公开合法机构——"杭州市工人应变会"，响亮地喊出了"与机器共存亡"的口号，也用行动实践了这一诺言。

1949年4月，国民党浙江省政府迁往宁波，杭州人心惶惶，社会混乱。那时，拱宸桥畔的杭州第一纱厂（简称杭一纱）的烟囱虽然照常冒烟，但厂里却已不平静。当时的杭一纱，纱锭16944枚，布机288台，员工1200多人，是省内举足轻重的大型工厂。4月初，杭一纱总经理张文魁就已抽离资

英勇護廠的陸雲奎

陸雲奎是杭州第一紗廠子弟學校的教師，這次被追評為英勇護廠，有職工千餘人，去年四月二十一日人民解放軍渡過長江，該廠總經理張某離廠後，全廠陷於混亂，二十三日南京解放，殘敵沿京杭國道經過拱宸橋潰竄，這時人心惶惶，不准撤退，有些工人想分廠，在這樣的情況下面，陸雲奎堅決領導了護廠工作。

四月二十三日，陸雲奎草擬了一個護廠草則，第二天找了邵酒揚、汪旭人等多人商量，結果第一步決定廠內任何東西不能移動，並分別負責看管，這一天許多職員叫了汽車來搬東西搬進城，工人提出「只准搬進城，不准搬出去」，即使拿回家去，別人沒得吃也會來搶了吃。另方面大家議到分了的布存有米分了一些布匹……這時霧霧有兩個情緒，一個是要把廠內的存糧、護廠經費、醫務各隊，並聽取廠方意見，開了第一次護廠宣傳大會，推選組委員，當時決定護廠警衛、糾察、消防、醫務各隊，會向廠辦開始宣傳指示行政，僱向廠要糧，護廠會堅持供給不可，五月三日杭州駐匪軍撤退時，廠內住有匪「民主聯軍」，五月九日護廠會完成了任務宣告結束，第一紗廠沒有遭受任何損失。

到現在，第一紗廠的女工、男工，談起護廠的事還是很興奮的。這教育了工人，於陸雲奎領導護廠，使紗廠日夜照開，沒有停過一天工，安定了拱宸橋的人心市面。一到五月九日護廠會完成了任務宣告結束，第一紗廠沒有遭受任何損失。

和現在，這是全廠每個工人的功。談到追評功時，陸雲奎謙虛的說：「這是全廠每一個工人的功。工人，要不是工人，我們要護也護不成了。」陸雲奎作為一個工人學校的教師，雖然說該廠是私營工廠，由於對人民和祖國的熱愛，他的護廠鬥爭是值得表揚的。

1950 年，《杭州民政》杂志刊载《英勇护厂的陆云奎》报道

陆云奎（1924—2014）

金（约 50 根金条），携带家眷避走香港。厂内的破坏分子则开始散播流言，煽动工人瓜分工厂资产。工人们议论纷纷，心里都打着问号：我们该怎么办？

4 月上旬，杭一纱子弟学校的办公室收到一封信件，既无收信人姓名，也未贴邮票，信件用 16 开纸对折再对折，纸边与信纸粘贴。

学校教员陆云奎拆开一看，是铅字印刷品《告江南人民书》。信中分析了国民党全面崩溃后可能发生的混乱局面："为防蒋军溃逃时肆意破坏，务望江南人民迅速组织起来，保护沪杭一带的工厂、银行、机关、铁路、桥梁等国家财产。"信件的落款是"上海交通大学中共地下党支部"。

其实，地下党组织已派遣中共党员朱文伟到杭一纱指导开展护厂斗争。在地下党员的领导下，陆云奎挺身而出，他动员工友坚持生产，想方设法解决员工的生活困难，采购大米分发给广大员工，稳定了人心。他组织成立了由工人积极分子和厂方代表参加的护厂委员会，下设纠察队、消防队、医务队，并出任主任委员。当时，国民党的残兵和本地流氓地痞经常到厂里来借、抢物资。工人纠察队日夜巡逻，使破坏势力无机可乘。护厂委员会的一系列行动成功制止了"分

杭一纱护厂委员会会员证、纠察队臂章及护厂工具

厂"的阴谋，也成功打消了部分职工弃厂逃跑的想法。

5月2日，自称"浙江省保安队"的人员前来骗取汽车，被护厂委员会识破。当天晚上，厂门外突然响起了一阵有节奏的脚步声。纠察队员从门洞中望出去，队伍很长，不见头尾，却人不唤、马不叫。朴素的灰布军衣上鲜明地佩着"中国人民解放军"的标识，一个个雄赳赳、气昂昂地向前迈着步伐。

纠察队员打开厂门，上前询问，果真是解放军。消息传到车间，上夜班的工人一起涌出车间，涌出厂门，迎接解放军。纠察队员把茶水一桶桶挑了出来，工人们把一碗碗热茶送到战士手里，大家欢呼雀跃，兴奋异常。解放军联络员向杭一纱商借汽车，想前往勾庄迎接师部首长。纠察队员立即答应，自告奋勇跟随联络员一起，代表全厂职工前去迎接解放军首长。

但5月3日，杭一纱门口又来了一批缠着红袖章、号称是"民主联军"的队伍，他们自称是共产党的先遣部队，驻地在福海里，要求杭一纱提供1000块大洋并强行拆走了厂里的电话机。护厂委员会马上转移资金，指派专人飞速向解放军汇报并派纠察队夺回被抢的电话机。

同日，杭州市军管会委派陈福民来杭一纱担任军代表，杭一纱护厂委员会胜利完成护厂任务，把工厂完整无缺地交给了人民。

国民党浙江省保安司令部修械所（简称浙保修械所，杭氧前身）是当时杭州设备最多、技术力量最雄厚的机械制造厂。1949年3月，国民党浙江省保安司令部布置修械所所长马湘平烧毁账册和档案"以备应变"，不久又急催他将工厂迁往宁波、舟山。

事态紧迫之时，浙保修械所中共地下党支部接到中共杭州市委常委柯里"不能被国民党反动派骗走一个人，拆走一颗螺丝钉"的指示，随即召开党员和骨干分子会议，响亮地提出"坚决保卫工厂，与机器共存亡"的口号。4月下旬，党支部经过秘密串联，号召广大工人团结起来，反对搬迁，坚决保卫工厂，得到工人们的一致响应。

与此同时，中共上海局派党员吕方东来到杭州，他以老同学、老朋友的关系与浙保修械所所长马湘平进行接触，动员他"看清形势，留下来保护好工厂迎接解放"，这使马湘平下定决心与国民党决裂。工厂老工人、中共地下党员周建新也找到马湘平，向他反映全体工人的意见，要求开展护厂工作。马湘平向周表示自己不走："在工人中找些可靠的人，大家一起来保护好机器、设备，统统留下，一个不走，等待解放！"全厂上下齐心，护厂反迁的斗争就这样开展起来。

一方面，国民党加紧催促工厂搬迁，地下党组织就利用迁厂押运的名义，成立了有 38 名工人参加的武装纠察队，直接由周建新负责。纠察队每人一支美式卡宾枪，日夜巡逻。国民党浙江省保安司令部派在浙保修械所执行警卫任务的警卫班，经过马湘平、周建新的积极工作，也表示同情和支持护厂工作，接受了纠察队的指挥。

浙保修械所生产步枪的场景

1949 年 10 月，力余铁工厂赴大港头抢运机器全体同志合影

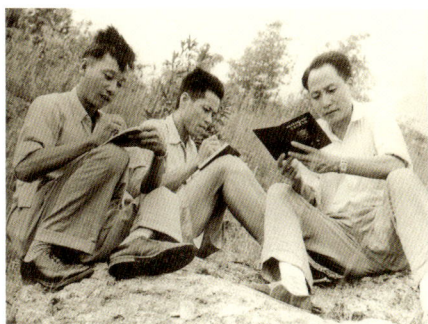

浙保修械所党支部第一次支部会议（20 世纪 50 年代拍摄，左：周志行，中：吴杰，右：周建新）

另一方面，为了应付国民党浙江省保安司令部的催促和检查，所里派人将所有的机器都拆卸下来，装箱造册，摆出一副为搬迁做准备的样子，然后悄悄地将这些机器藏在浙保修械所试枪的壕沟里，由纠察队看守。同时，派人对设在浙保修械所隔壁的仓库的搬迁工作进行破坏，保安司令部派来装运仓库物资的汽车轮胎经常被戳破、割裂，搬运工作进展非常缓慢，直到杭州解放，仓库的物资都未能搬光。

国民党浙江省保安司令部撤离杭州后，地下党组织立即布置纠察队在浙保修械所门口两边的厢房内和厂里架起两挺机枪，防止散兵游勇进厂骚扰。5 月 3 日，杭州解放，中国人民解放军第三野战军第七兵团顺利地接管了浙保修械所。

除了杭一纱和浙保修械所，西塘河边的华丰厂也是护厂运动的"主战场"。

1949 年 4 月 21 日，根据上级中共地下党组织的指令和布置，华丰厂中共地下党员曹明忠、曹永明等利用国民党认定的合法组织"应变委员会"，成立了护厂纠察队和消防组、修理组。工人们一边坚持生产，一边修筑厂区内的 5 个碉堡作为护厂工事。工人们在碉堡之间架设电话，还在工厂周围墙上安装通电的铁丝网。同时，采用合法手段向政府申领了步枪，纠察队员拿着步枪和木棍，日夜巡逻，严防特务和破坏分子抢劫和破坏。消防组则认真检修救火车和水龙，以应对突发的事件。修理组抢修发电机，以备断电时维持电灯、电网之用。

被日军焚毁的华丰厂职工宿舍基址

华丰厂的护厂碉堡

华丰厂职工在护厂巡逻

华丰厂职工进行护厂军事训练

华丰厂职工积极恢复生产

由于厂区位于京杭国道附近，溃退下来的国民党败兵如蝗虫般涌到工厂门前，工人们早有防备，严阵以待，用沙袋、铁板将工厂大门封死，纠察队员们严密巡察，使他们无机可乘。1949年5月3日，华丰厂不少工人在曹忠明等人的带领下来到祥符桥迎接解放军进城。

5月6日，杭州市军管会委派军代表进厂，于5月21日成立了中共华丰造纸厂支部委员会。正是由于地下党组织有力地组织了护厂斗争，华丰厂的一切设备和工人的生命财产均完好无损。

拱墅工人阶级的英勇斗争，对于配合解放军南下解放杭州，完整地接收城市，迅速地组织恢复生产起到了十分重要的作用。

青年学生护校迎解放

1949年三四月间，在浙江大学护校斗争的推动下，杭州市委青年工作委员会、大专区委、中学区委领导杭州高级中学（简称杭高）、浙江省立高级商业职业学校（简称高商）等20多所学校建立了以地下党员和新民主主义青年社成员为核心的护校组织安全会，与当局就搬迁学校、诱骗青年学生参军等展开了激烈斗争。

解放战争期间，中共杭州地下党组织在杭州各级学校中有了很大发展。1947年11月至1948年5月，中共杭州市工作委员会在杭州各大中学校秘密发展党员，许多学校陆续建立党支部。1948年4月，中共杭高支部建立。1949年3月，高商成立了党支部。

1949年6月，中共杭高地下党支部编写了《杭高人》纪念专刊，纪念杭高自五四运动以来在反帝反封建旗帜下的革命斗争历程

各校的中共地下党员、新民主主义青年社成员团结广大师生，通过学生自治会和进步学生社团，有条不紊地展开护校迎解放的斗争。

在杭高，地下党组织接到上级"成立群众性的应变组织，开展护校斗争"的指示后，立即开展工作，成立了由各班级学生代表、教职员代表和工友代表组成的应变会。

应变会成立后，立即组织同学筹粮、垦荒，成立纠察大队、消防队和救护队。纠察大队队员手持长短木棍和军训用的步枪，在校园四周通宵巡逻；消防队则加紧训练消防技术，在重要位置配备了灭火器和沙包；救护队以女同学为主，在浙江省立杭州高级医事职业学校同学指导下，学习救护、包扎知识。同时，安全会举办各种座谈会和学习活动，出版《快报》，秘密收听新华社广播，把重要消息抄在大字报上公布出去。这使全校师生可以及时了解时局的动向，从而稳定人心，鼓舞士气，推动护校斗争顺利进行。

1949年3月下旬，国民党浙江省党部某大员突然来到高商，召集全校师生开大会，诱骗学生去台湾。他声称"政府将撤退到台湾"，有志青年应"以抗战时期知识青年远征军为榜样，为国效劳、积极参军"；他还大力宣扬台湾风景优美，是"人间天堂"，甚至提出大家"去台湾作一次旅游也是值得的"。他的讲话很有煽动性，导致了部分同学思想出现混乱，少数同学还想报名参军去台湾。

对当局的这种欺骗行径，中共地下党组织立即组织力量进行揭露和驳斥，

浙江省立高级商业职业学校贡院前平安桥校址

浙江省立高级商校激流级师生合影

地下党员姜仁潮起草了名为《台湾天堂乎？》的大字报，揭露国民党组织台湾新军的真实目的："我们要读书，不要战争。我们不愿去台湾当炮灰。"大字报在学校的民主墙上贴出后，引起了极大的反响。此后，地下党支部又派出党员和积极分子对仍想去台湾的同学进行劝阻，彻底揭穿了敌人的阴谋，国民党浙江省党部的人员只好灰溜溜地离开了高商。

1949年初开始，浙江大学学生自治会多次牵头召开杭州各大中学校学生组织代表联席会议，并出版《每日新闻》向全市学生进行形势教育，交流学运情况和经验，鼓励同学与当局展开针锋相对的斗争。同时，党领导的地下学联也通过各校学生组织在学联的联络员，交流各校的护校斗争情况和资料，使各自为战的护校斗争形成了一场席卷全市的护校运动。

5月3日，杭州解放。护校运动取得了完全的胜利，全市各大中学校完整地回到了人民手中。

1949年5月杭州解放，杭高支部召开公开大会

杭州解放了！

　　1949 年 5 月 3 日是一个永远值得铭记和纪念的日子，古老的大运河迎来了新生。从此，杭州进入了人民当家做主的新时代。

　　时间回到 1949 年的 4 月。

　　辽沈、淮海、平津三大战役胜利不久，"打过长江去，解放全中国"的口号响彻了大江南北。人民解放军在各个战场上向国民党残余部队发起了猛烈的进攻。4 月 21 日，京沪杭战役（也称渡江战役）打响，中国人民解放军顺利渡过长江。23 日，南京解放。之后东、中突击集团在粟裕的统一指挥下东西对进，取得了郎广战役的胜利，打乱了国民党退守杭州的部署，为杭州解放创造了有利的条件。与此同时，第三野战军副政委兼第七兵团政委谭震林率领的第七兵团第二十一、二十二军从安徽宣城南穿浙皖交界，经天目山向杭州疾进，第二十三军则从江苏境内向杭州挺进。

　　1949 年 5 月 2 日夜 9 时许，中国人民解放军第七兵团第二十三军的先遣部队抵达了拱宸桥地区。部队军纪严明，在桥弄街稍事休整后即向杭州市区继续进军。后勤运输班 4 辆装载着军粮的马车，因轮胎破裂，需要维修，部队联络员就联系杭一纱护厂委员会，请护厂委员会协助在附近寻找空屋暂驻，并向附近农户购买了数百斤稻草用作马匹饲料，经费均由部队开支。护厂委员会主任当即带领运输班来到桑庐蚕种场驻宿，又带领战士们赴后昼锦里农户家中购买稻草。

　　5 月 3 日清晨，运输班的战士搭起临时炉灶生火做饭，打扫场地，轻手轻脚，唯恐惊扰了桑庐的居民，受到了附近居民的交口称赞。

　　解放军进城的过程也并非一路顺畅。下午 2 时许，一八一团在向市区东南方向挺进时，接到群众报告，醋坊巷里集中了一批国民党官兵。一八一团二营立即前进，部队到达巷口时发现在这条南北长不到 300 米、东西宽仅

1949年2月20日，第三野战军司令部发布的《京沪杭战役预备命令》

桑庐

四五米的小巷内，黑压压地挤满了国民党官兵，巷的两头筑有地堡，巷内到处都是沙包、拒马。稍事侦察、布置后，二营的士兵立即把这条小巷从南北两头封锁包围起来，发起攻击。慌乱的国民党军见解放军冲过来，挤作一团，互相吵骂，甚至互相残杀。战斗很快结束，国民党守军副团长以下300多人被俘。

下午3时许，第七兵团第二十一军进入杭州市区，受到数万群众夹道欢迎，杭州解放了！

杭州解放当晚，《战斗报》的号外

5月7日，运输班战士即将启程奔赴上海，出发前又将他们临时驻扎的桑庐大院清扫了一遍，并向居民征求对部队的意见。班长到杭一纱向护厂委员会主任道谢、告别。第二天拂晓，运输班悄悄离开了桑庐。

5月7日，杭州市军管会成立，谭震林任主任，谭启龙、汪道涵任副主任。杭州市军管会作为军管时期的最高权力机构，统一领导全市的军事、民政等事宜，即采取"各按系统，整套接收，调查研究，逐步改造"的方针并遵照省委"宁缓勿急，稳步前进"的指示，着手向杭州政务、司法、民政、文教、财经、工业和军事各系统派驻军代表，在广大群众的积极参与下，对各部门进行接管。杭州市军管会军事接管组接管了拱墅地区。

5月11日，中共浙江省委下发《关于结束前杭州市委工作与成立新杭州市委的决定》，决定建立新的杭州市委，统一领导全市工作。新中国成立后的首届中共杭州市委员会，书记为谭震林（兼），副书记为杨思一、张劲夫。5月30日，杭州市政府宣布成立拱墅区政府。6月22日，经省委批准，成立拱墅区委。

庆祝杭州解放集会会场

1949年7月6日，杭州解放后举行第一次军民集会，庆祝"七一"（建党二十八周年），杭一纱女工向解放军献花

伟大精神伟大力量
抗美援朝保家卫国

1950 年 10 月，中国人民志愿军雄赳赳气昂昂，跨过鸭绿江，开始了伟大的抗美援朝战争。

对于成立刚满一年、百废待兴的社会主义新中国，这是一个不得不面对的严峻考验。

朝鲜战场硝烟背后的历史，印证着一段轰轰烈烈的伟大运动——抗美援朝运动。为保证抗美援朝战争胜利，中共中央动员全国人民支援抗美援朝战争。全国各阶层人民纷纷踊跃参军参战，捐献飞机大炮，慰问志愿军，订立爱国公约，开展增产节约运动，有力地支援了前方作战。

由于前线急需武器装备，1951 年 4 月，中国人民赴朝慰问团总团长廖承志找到彭德怀，提出在国内开展捐献飞机大炮运动的设想。彭德怀表示："双手鼓掌赞成。"由此，为前线捐献飞机大炮的运动在全国人民中广泛开展起来。

战场内外，同此凉热

朝鲜与杭州的直线距离有 1000 多公里，尽管战场遥远，但作为后方，大运河畔的广大人民群众依然在这场战争中做出了自己的贡献。

战争爆发不久，杭州各界就积极投入到抗美援朝运动之中。

1950 年 11 月 11 日，杭州市工商界率先订立爱国公约，表示坚定爱国立场，愿意贡献一切力量支持抗美援朝。时值"一二·九"运动 15 周年，杭州市中等以上学校 1.5 万名学生在省人民大会堂广场举行大会。此后连续 3 天，杭州高级中学等 18 所大中学校的 5000 多名学生，组织了漫画队、歌唱队和访问队等，深入大街小巷进行宣传。

12 月 12 日，杭州市各界人民抗美援朝保家卫国代表大会召开，讨论并通过决议及通电成立中国人民保卫世界和平反对美国侵略委员会浙江省杭州市分会（简称杭州市抗美援朝分会）。会上及会后，先后有近万人踊跃报名参加各种军事干校，100 多名铁路员工、150 名汽车驾驶员、61 名医务工作者，分批赴朝参加支前运输队和医疗队。各民主党派和各界代表纷纷捐赠慰问物品。至 1950 年底，全市各界增产捐献金额共达 36.18 亿元（旧币）。

1951 年 6 月 15 日，浙江省和杭州市各界人民代表会议协商委员会与杭州市抗美援朝分会召开联席会议，研究开展爱国增产捐献运动。此后，工、农、青、妇等群众团体继续组织制订爱国公约、捐献飞机大炮和优待烈军属等爱国活动。

工商界还积极展开爱国主义生产竞赛。杭州新华印刷厂一位排字工人在没有错漏的情况下，每小时撮字 1825 个，创造了全国最高纪录。浙江麻纺织厂的产量和质量都创造了全国麻纺织生产的最高纪录。

在抗美援朝的战场上，我军使用的是苏制"米格 15"战斗机。一架"米

1951 年，杭州机械工业企业响应省市爱国增产捐献运动，发布保证书

格 15"战斗机，按当时旧币折算需十几亿元（相当于新币十几万元）；而按当时社会平均生活水平，五口之家一个月仅需新币 50 元左右。飞机的价格对于普通百姓来说是一个天文数字，但中国人民知道积少成多的道理，听从党的号召，立即响应起来，有钱的出钱，没钱的出力，争先恐后地投身到了这场伟大的义捐运动中。

杭州工人响应总工会提出的捐献"杭州工人号"飞机的口号，原计划半年内捐献一架飞机，但通过组织劳动竞赛、增加产品数量、提高产品质量、节约原料、消除浪费、增加收入等措施，最终决定捐献三架半战斗机。

华丰厂的义举

拱墅西塘河旁的华丰厂，前身是创建于 1922 年的武林造纸厂。其素来有着爱国传统，近百年的发展史就是一部跌宕起伏的爱国史。

抗美援朝战争爆发后，与当时全国所有的企业一样，华丰厂积极响应党和国家的号召，订立爱国公约，加入捐献飞机大炮的全民运动。

1951 年 6 月 10 日，华丰厂总经理金润庠代表企业认捐战斗机一架（华丰号），折合人民币 15 亿元（旧币）。经过短短几个月的筹备，华丰厂职工又于当年 9 月 27 日捐献出第一架"华丰工人号"战斗机，筹集款项达 15 亿

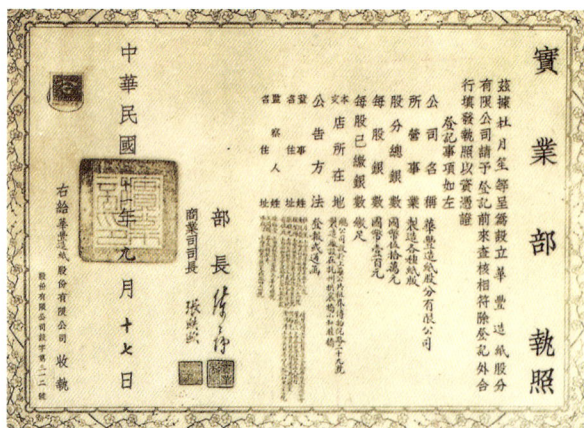

华丰厂创设时期的营业执照

金润庠（1890—1961）

新中国成立初期的华丰厂原料堆场

元（旧币）。仅仅 3 天之后，华丰厂决定再次认捐战斗机两架，折合人民币30 亿元（旧币）。12 月 19 日和 27 日，华丰厂职工相继又捐献出两架"华丰工人号"战斗机，共集资 27 亿元（旧币）。由此，华丰厂为抗美援朝战争贡献了一个企业几乎所有的心力。

也正是这样的全民同仇敌忾，英雄的中国人民志愿军高举正义旗帜，同朝鲜人民和军队一道，舍生忘死、浴血奋战，赢得了抗美援朝战争的伟大胜利，为世界和平和人类进步事业做出巨大贡献。抗美援朝战争的胜利，是正义的胜利、和平的胜利、人民的胜利。抗美援朝战争锻造形成的伟大抗美援朝精神，是弥足珍贵的精神财富。

杭州工运史资料陈列室中的"华丰号"飞机模型

杭 氧

——百年匠心铸就大国重器

杭州首个工厂党支部；

新中国成立后浙江省首家重工业企业；

诞生了中国首台成套制氧机……

杭州杭氧股份有限公司（简称杭氧）的历史，是一部"中国制造"筚路蓝缕、做大做强的创业史，而杭氧百年沧桑的历史底蕴上更镌刻着深深的红色基因。

红色的种子

成立于 1917 年的浙江陆军一师军械修理工场（国民党浙江省保安司令部修械所），是杭氧的前身。在那个动荡时期，工厂随着部队颠沛流离，从杭州到富阳，从衢州到遂昌再到龙泉，几度迁徙，几度更名。1945 年 8 月，抗战全面胜利，工厂迁回杭州并更名为"力余机器工场"。

1945 年底，中国共产党杭州市支部改组为市委，开始在铁业工人中秘密发展党员。工厂的老工人周建新，成了杭州铁业工人中第一个被发展的共产党员。入党后，组织上交给他的任务是团结工人群众，组织工会。经过周建新和其他进步工人的共同努力，1946 年的三四月间，杭州市铁工业工会终于成立了。

红色的种子开始慢慢萌芽。经过坚持不懈的工作，许多工人们的觉悟有了提高，涌现出一批积极分子。1947 年，周建新分别介绍梁成标等入党。从那时起，工厂有了第一个党支部。

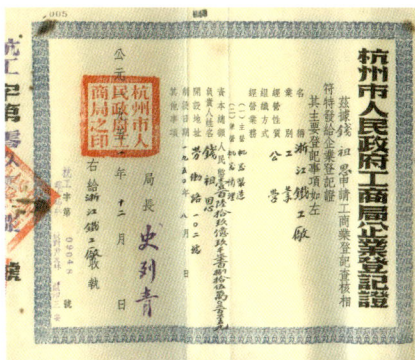

1950 年浙江铁工厂的营业执照　　　　　浙江铁工厂大门

此时，党支部根据上级指示和工厂的实际情况，积极组织工人开展以增加工资为中心的斗争。这一方面可以切实减轻工人的生活负担，另一方面又可以团结绝大多数的工人。1947 年 7 月，工厂爆发了要求"做包工"的大规模经济斗争。这次斗争以工人们胜利取得计件工资而告结束。

1949 年 4 月，解放战争即将取得全面胜利。在党的领导下，工人们拿起了枪杆与国民党斗智斗勇。周建新决定把工人都动员起来，共同打好这场"保卫战"。他向大家宣传解放战争的形势，号召工人们团结起来，坚决保卫工厂。护厂斗争不仅有序地开展起来，而且留下了 3 名党员发动 200 多名工人护厂的美谈。

1949 年 5 月 5 日，工厂代表将辛苦藏起来的 2000 多支枪和 10 万多发子弹，完好无损地移交给军代表。工厂顺利、完整地回到了人民的手中。

从修配走向制造

1950 年 8 月，力余铁工厂和浙江汽车修配厂合并成浙江铁工厂。浙江铁工厂党支部也随之成立，当时就有党员 32 名。

空分设备是冶金、煤化工等行业的重要装置，为生产提供充足氧气、氮气等工业用气，被称为"现代工业之肺"。

在百废待兴、如火如荼的建设年代，工厂工人在党的领导下艰苦奋斗、

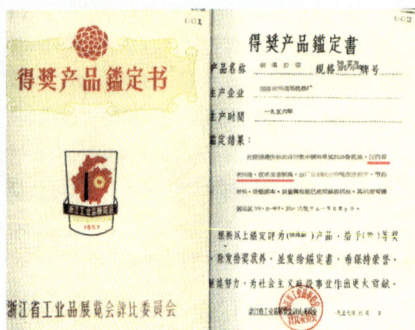

我国首套 30 m³/h
制氧机的获奖证书

1953 年，浙江铁工厂制造的第一台充氧车拖车

苏联专家涅基金与技术人员交流

1957 年，建造中的杭氧东新路厂区

20 世纪 60 年代，杭氧东新路厂区俯瞰

励精图治。面对制造技术被美、日、德、法等少数发达国家垄断了半个世纪的装备产业，面对"不仅没有空分设备制造业，就连空分设备的应用也寥寥无几"的空白家底，面对国防、科研和医疗等各项事业都急需空分设备的严峻形势，1952 年，工厂接下制氧机的试制任务。通过对国外设备的"解剖式"钻研，一项项技术、工艺难关接连被突破。1956 年，工厂研制成功我国历史上第一台成套制氧机。从此，通过技术积累、工艺创新，逐步改善生产条件，工厂走上了一条专业制氧机生产的发展轨道。

1958 年 12 月，工厂更名为杭州制氧机厂（简称杭氧），随后执行完成了国家第一个、第二个五年计划，在东新路上建成了我国第一个空气分离及液化设备的生产基地。杭氧响应中央提出的"狠抓战备，集中力量建设大三线后方"的号召，无私援建、包建了四川自贡市机械一厂、四川空气分离设备厂。

20 世纪 80 年代初，杭氧率先引进国外先进技术，通过消化吸收及创新，突破了 10000 m^3/h 空分设备设计制造的瓶颈，实现 10000 m^3/h 空分设备国产化，打破了国外的垄断。

改革开放后，杭氧逐步完成了从计划经济体制下国家计划的执行者向社会主义市场经济体制下自主经营的市场主体的嬗变。实行三项制度改革、从工厂模式向公司化管理模式转换、进行分立式改制，企业焕发出新的活力，相继开发成功了具有自主知识产权的第五代、第六代空分设备，这些都宣告杭氧的空分设备设计制造技术已经达到国际同期先进水平。

打造"国之重器"

　　进入 21 世纪，杭氧加强技术攻关，铸就大国重器，从世界先进空分技术的跟跑者跃升为并跑者、领跑者。同时，大踏步迈上了"传统制造业"向"服务型制造业"的转型升级之路，形成设备制造和气体产业两翼齐飞的发展格局，并且树立了我国装备制造业和空分设备行业一个又一个新的里程碑：2002 年，为宝钢研制了 30000 m³/h 空分设备，实现了 30000 m³/h 空分设备的国产化；2009 年，研制了 60000 m³/h 空分设备，打破了国外企业对 60000 m³/h 内压缩流程空分设备的垄断；2009 年，向德国出口 32000 m³/h 空分设备，实现了杭氧将大型空分设备销往空分设备发源地的梦想；2013 年，广西杭氧 80000 m³/h 空分设备开车成功，杭氧迈步向特大型空分设备领域进发；2017 年，为神华宁煤 400 万吨／年煤制油项目配套的 100000 m³/h 空分设备开车成功，杭氧特大型空分设备技术跨入国际最先进行列。

　　如今，杭氧已经成为世界上为数不多的几家能研制 100000 m³/h 以上特大型空分设备的企业之一。2021 年 11 月，杭州市获批国家服务型制造示范城市，杭氧榜上有名，成为国家级服务型制造示范企业。杭氧正一步步超越自我，刷新历史，一步一个台阶，创造着中国空分装备制造业的奇迹。

中央电视台《大国重器》摄制组在神华宁煤 100000 m³/h 空分设备项目现场取景

由杭氧研制的具有国际领先水平的神华宁煤 10 万等级空分设备

纺织"航母"

——浙麻厂

1949 年 5 月，杭州解放，百废待兴。彼时的杭州，工业基础薄弱，快速发展生产，以解决城市生产生活问题成为摆在新政府面前的重要课题。

为了贯彻浙江省委"积极恢复与重点发展生产"的方针，杭州市财经委主任张劲夫和省工矿厅生产管理处处长翟翁武主持召开了部分大中型企业负责人座谈会，大家为尽快恢复和发展工业献计献策。就在这次座谈会上，中国纺织建设股份有限公司杭州办事处（后改名浙江制麻公司）主任冯希彦反映，中国银行有一套黄麻纺织设备闲置在上海中纺公司的仓库里，可以调拨杭州供建厂使用。

时任浙江省委书记兼杭州市军管会主任的谭震林对这个建议十分重视。在与上海市军管会主任陈毅取得联系后，谭震林向中央请示，很快

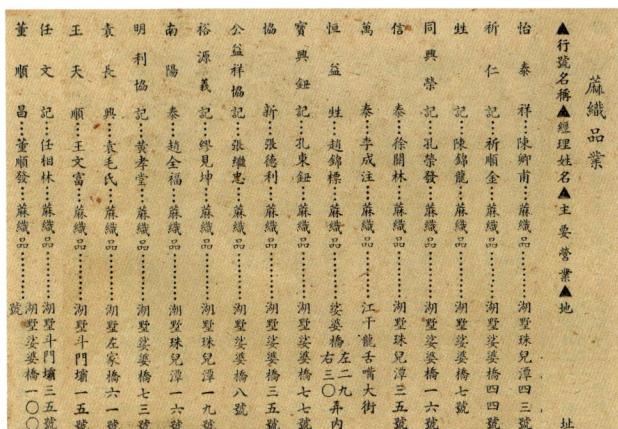

1937 年《杭州市公司行号年刊》中记载的"麻织品业"行号清单，该业行号大多分布在拱墅地区

得到毛泽东的批示："全国尚未解放，在自力更生原则下建厂，同意。"

黄麻纺织设备迁杭设厂工作就此快速展开。

浙江是产麻大省，杭州有着种植和生产黄麻的悠久历史与现实基础。当时解放战争尚在进行，军事供给需要麻袋，而国内生产的麻袋供不应求，麻袋生产不仅有利于增加利税，同时还可解决部分失业人员的就业问题，浙江麻纺织厂在党中央和省、市党委及政府的直接关心和支持下开始筹建了。

1949年9月，工厂正式开工建设。工人们以高昂的热情，克服各种困难，加班加点，苦干巧干，不到半年，就进入一期工程设备安装和调试阶段。1950年5月15日，工厂正式定名为浙江麻纺织厂（简称浙麻厂），受浙江省工业厅直接领导，翟翕武出任第一任厂长。这是新中国成立后浙江省自主新

浙麻厂建厂初期部分干部与技术人员及工会委员合影（前排左六为翟翕武）

浙麻厂的女工们

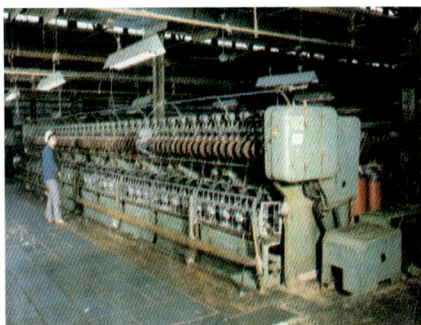

浙麻厂精纺车间

浙麻厂"双绿"牌麻袋三次荣获国家银质奖(1980年、1983年、1988年)

建的第一座国营大型工厂。

凭着建设社会主义工业的干劲，1950年8月1日，浙麻厂只用了10个月就建成了第一条生产线，刷新了新中国的工业建设速度。1951年，浙麻厂生产麻袋596万只，基本满足了国内需要，并开始出口，结束了我国麻袋从英国和印度进口的历史。

20世纪50年代，浙麻厂上缴的利税占到杭州市财政收入的八分之一。到1985年，浙麻厂共为国家创造了13.2亿元的利税，所创利税总额可再造40多座同等规模的黄麻纺织企业。浙麻厂生产的产品远销日本、法国、美国等52个国家和地区。

半个多世纪以来，浙麻厂在国内黄麻纺织行业内创造了数个第一：最盛时年生产麻袋近亿只，占全国麻袋总产量的四分之一；拥有国内唯一的黄麻纺织科研机构，先后研发出黄麻簇绒地毯、麻塑混纺纱线、工艺装饰布及工艺品，还研发出了黄麻高支纱，是国内唯一黄麻高支纱生产厂家。

在计划经济年代，企业还承担了许多社会职能。占地800多亩的浙麻厂有幼儿园、职工子弟学校、医院、消防队等。如今，拱宸桥以北、大运河东岸地区早已是鳞次栉比的现代化楼宇，但我们不应该忘记60多年前这里曾雄踞着纺织行业的"航空母舰"——浙麻厂，而它的建造与发展，不仅改写了我国麻袋依靠进口的历史，并且培养出新中国成立后我国第一代黄麻纺织工人。

20 世纪 80 年代浙麻厂厂区

杭锅"变形记"

2013 年 5 月,杭州锅炉集团股份有限公司(简称杭锅)迁出东新路 245 号,成为最后一个搬离市中心的大型工业企业。东新路、绍兴路……这里曾经是杭州的城北工业区,占据杭州城市经济的"半壁江山"。许多企业都曾在这里留下了"工业记忆",也在杭州城市发展史上写下了浓重的一笔。

1955 年 10 月 1 日,从事小锅炉修理的泰鑫洽记铁工厂经过社会主义改造后,成立公私合营的杭州锅炉厂。杭州锅炉厂的建立,结束了杭州不能生产工业锅炉的历史。

1957 年起,先后有永泰森铁工厂、朱顺兴铁工厂、泰鑫祥记电焊厂等 16 家私营工厂并入杭锅。由于厂房狭小,修理锅炉只能在东坡路的马路边进行,所以杭锅被人们称为"马路工厂"。

1957 年,厂长陈有生带领工友在杭州艮山门外的打铁关建起了 1500 平方

陈有生(1910—1999)

1957 年,在陈有生的带领下,杭锅在打铁关建设新厂区

20 世纪 60 年代，杭锅生产建设场景

米的厂房。第二年初，杭锅将分散的工场和车间集中搬迁到打铁关新厂。此后的 50 多年，东新路厂区逐步发展为占地面积 24 万平方米的杭锅总部。

1958 年 6 月，经浙江省人民委员会批准，杭锅按年产锅炉 8000 万吨和非标设备 7500 吨的规模进行扩建。1959 年国庆节前制造出浙江省第一台为 750 千瓦火力发电机组配套的 6.5 吨／时电站锅炉，并于 1959 年在杭州艮山门发电厂一次点火成功并网发电。这成了杭锅从修配锅炉向制造锅炉转型的标志。随后，杭锅从上海锅炉厂引进产品图纸，试制出了为浙江省第一台 750 千瓦火力发电机组配套的 6.5 吨／时抛煤机锅炉。

1979 年，杭锅余热锅炉研究所成立，开启了国内余热锅炉领军企业发展新篇章；1985 年，制造首台 220 吨／时高温高压电站锅炉；2000 年，制造国内首台拥有自主知识产权的 SE 级燃气轮机余热锅炉；2013 年，国内首套青海德令哈太阳能光热发电项目并网发电……杭锅从小作坊逐步发展成了全国余热锅炉市场中份额最大的企业。

2002 年，杭锅加盟西子联合控股，2022 年 1 月，杭锅更名为"西子洁能"，"碳中和"等项目的推进标志着企业发展迈上新台阶。在数字化改革春风中，"数字经济"拉开帷幕，"数字化产品"百花齐放……杭锅已然在时代浪潮中加速转型。"5G+ 移动巡检"技术，实现了巡检数据的记录、分析、上传和反馈，方便工作人员及时发现各类突发情况；"5G+ 机器视觉"技术，实时监控各种生产环节及设备，进行相应的故障告警、处理和控制；"5G+ 质检"技术，

杭锅东新路厂区全景

智能检测成品外观及瑕疵点，提高成品率；"5G+数据采集"技术，将工厂园区内大量产生数据的终端设备的各种参数以及监控数据采集起来，再传输到大数据分析平台进行分析，从而精准响应各项生产任务。

从2002年起，杭州开始实施"老城区工业企业搬迁"工程。"退二进三""优二兴三"，改善了城市环境，提升了城市品质，搬出了城市发展的新天地。企业在转型升级，城市在有机更新，有着时代烙印的杭锅厂房也在悄然蜕变。2009年杭州市委、市政府4次召开会议，专题研究杭锅老厂房保护利用问题，

2010年，杭锅崇贤生产基地正式启用

并确立了"以国际城市博览中心为主题，集艺术、影视、游乐等为一体的国际旅游综合体"的项目定位，东新路的杭锅老厂区焕发了新生命。

2015 年迄今，一年一度的"亚洲设计管理论坛 & 生活创新展（ADM）"、2018 年 AW 杭州国际时尚周、2019 年淘宝造物节……一系列重量级的展览，举办会场都定在杭锅老厂房高大宽阔的车间中。这些展会活动吸引了世界各地的艺术家、时尚人群汇聚于此。

如今，保留下来的杭锅 7、8、9 号厂房及附近地块正在建设杭州音乐厅。这里将成为集博物馆、展示馆为一体，工业遗存和文化艺术深度融合的专业、高品质、国际一流的音乐文化艺术中心。

从老旧厂房到会展基地，再到音乐艺术中心，杭锅老厂房的"三步走"为工业遗产续写着新传奇、新故事，属于一代人记忆的杭锅，依旧年轻而有活力，依旧与城市同在。

2015 年引入的"亚洲设计管理论坛 & 生活创新展（ADM）"，成为年轻人青睐的时尚打卡点

在杭锅老厂房地块上改建的武林美术馆将是一座集展览和社区配套设施为一体的文化综合体

万人大厂"杭丝联"的华丽转身

　　杭丝联，是杭州丝绸印染联合厂的简称。这家丝绸印染企业在全国缫丝、织绸、印染企业中声名卓著，曾是亚洲最大的丝绸印染企业。

　　1954年10月，浙江省工业厅向纺织工业部提交了关于建设浙江丝绸印染联合工厂的计划任务书。1955年12月，纺织工业部和浙江省政府签署的关于厂址的协议书中确定，要建设一座规模为缫丝3万绪、丝织机500台和印染制品1170万米的大型企业。

　　1956年1月，中央同意将其列入经过调整的国家第一个五年计划。6月，

杭丝联的缫丝车间

杭丝联的"古运河"牌商标　　　　　　　杭丝联厂徽

国务院正式批准，并决定投资 5000 万元以"力求达到国际先进水平，成为新中国成立后发展丝绸工业的示范"的要求设计建厂，厂址设在杭州拱宸桥工业区。

1957 年 3 月，我国第一座现代化丝绸印染企业在拱宸桥地区破土动工，由苏联专家设计、德国专家监理的外形为锯齿形的现代化丝织工业建筑群在运河南端拱宸桥边拔地而起。1958 年 1 月，工厂正式定名为地方国营杭州丝绸印染联合厂。

1958 年 5 月 2 日，《浙江日报》专文刊登"缫丝车间自动化的一天到来了"的新闻，对杭丝联的生产进行报道。随后，工厂一期工程建成投产，杭丝联拥有 26 台当时国内最先进的进口多摩型自动缫丝机，可以年产白厂丝 300 吨。随着二期、三期的上马，杭丝联每年都有好业绩。1965 年，杭丝联一年实现利润 990 万元，税金 188 万元；1966 年，杭丝联三期工程全部竣工，全厂拥有主要设备自动缫丝机 10400 绪、立缫机 80 绪、座缫机 300 绪、丝织机 637 台和年产 1800 万米的印染加工能力，累计生产白厂丝 1795.21 吨，丝织品 4729.9 万米，印染品 7851.8 万米，共创利 3234 万元，有了"远东第一大厂"的美誉。

1978 年，党的十一届三中全会以后，杭丝联被国家列为重点支持的大型骨干技术改造单位，是浙江省大中型企业全面整顿和"利改税"改革试点企业。1984 年 1 月，杭丝联被列入"现代中国一百项建设"中，是其中唯一的丝绸工业企业。1987 年，杭丝联在职职工达到 6274 人，退休工人有 4000 余人，

苏联国家第一设计院设计的锯齿形厂房

是名副其实的"万人大厂"。1991 年 6 月，国家统计局公布杭丝联为浙江省大型企业、中国 500 家最大企业及行业 50 家最大经营企业之一。

2000 年，杭丝联原厂房中的缫丝、印染及其他配套设备被陆续拆除，但苏联国家第一设计院设计的锯齿形厂房得以完整地保存了下来，成为杭州主城区为数不多的保存完整的珍贵历史建筑。2010 年 3 月，杭丝联老厂房被杭州市政府列为杭州市历史建筑；2018 年，被列入首批中国工业遗产保护名录。

2007 年开始，在这座锯齿厂房被改建为"丝联 166"文化创意产业园。

"丝联 166"文化创意产业园，是保护工业建筑、保护工业遗产业态、展

杭丝联印染设计室

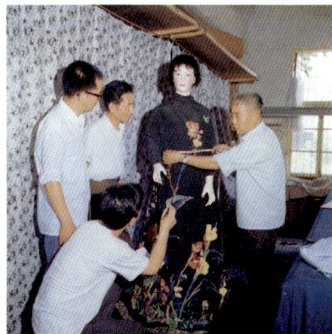
杭丝联设计师在研发丝绸服装新产品

示文化创意产业魅力的示范区，也是极具运河特色的文化创意产业园，汇集了广告和建筑设计、艺术创作、空间设计、视觉艺术、家具设计、饰品设计等多个专业领域的致力于普及本土原创品质生活的优质企业。

"夕阳"厂房承载着"朝阳"产业，一个更具生命力的"丝联166"正在茁壮生长。

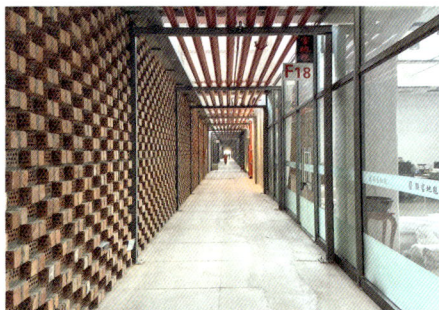

"丝联166"文创园

浴火杭钢，凤凰涅槃

杭钢建厂初期的生活环境和工作场景

　　新中国成立初期，国家调拨给浙江的钢材量只能满足全省需求量的40%，为了尽快解决浙江钢铁供应不足所造成的与日俱增的需求矛盾，浙江省委、省政府下决心要改变被动局面，"勒紧裤腰带，定要建个钢铁厂！"在国家重工业部、煤炭工业部和水利电力部等部委的积极支持下，浙江钢铁厂筹备处于 1956 年 9 月成立，建厂的地址选在了杭州东北部的半山。

　　1957 年 4 月 2 日，基建的序幕由疏浚河道拉开。来自全国各地的数以千计的建设者们，人头簇拥，挥镐担土，开挖河道，建成了全长 3150 米、深 3 米的连通京杭大运河和工厂的内河水道（俗称杭钢河）。4 月 2 日也成了工厂的建厂纪念日。在上海等 12 个省市 200 多家单位的大力支持下，建设者奋战不到 7 个月就建成了 82 万立方米的一号高炉。

　　1958 年 2 月 26 日 7 时 7 分，炼铁车间一号高炉炼出第一炉铁水，工人们用这炉铁水浇铸了"第一高炉出铁纪念"铁块，特意在背面镌刻铭文"十五年赶超英国"。两个多月后的 1958 年 5 月 17 日 10 时 30 分，炼钢车间一号炉

1958 年 2 月 26 日，浙江钢铁厂第一高炉出铁纪念铁块

1958 年 5 月，浙江钢铁厂第一座转炉出钢纪念照

1966 年 7 月，杭钢正式使用热装铁水直送转炉炼钢新工艺

1959 年、1960 年《浙江画报》连续两年刊发专题，报道杭钢生产

炼出第一炉钢水。接着又建成了第一座炼钢转炉。也就是这一刻，浙江没有钢铁生产的历史结束了，浙江的钢铁工业就此起步。

自创建以来，杭钢不仅五次更名，也经历了三次创业。1957年至1994年，是杭钢以生产钢铁为主的第一次创业。杭钢依靠自力更生建起了全省第一家钢铁联合企业，并立足自身积累，通过内涵潜挖、滚动发展，创造出了一大批先进技术经济指标，产品品种、质量等全方位升级。企业经济效益实现了从无到有、从小到大地不断提高，为浙江省经济社会发展做出了重要贡献。

进入20世纪90年代，杭钢以建立现代企业制度为目标，逐年推进改革。1995年，杭钢整合浙江省冶金工业总公司，成立浙江冶金集团（杭州钢铁集团公司），由此形成了钢铁、贸易、房地产、酒店等产业适度多元、共生共荣的发展格局。2015年，杭钢坚决贯彻省委、省政府重大决策部署，全面关停半山钢铁基地生产线，为杭钢第二次创业画上了圆满的句号。

半山钢铁基地生产线关停后，杭钢再次开启发展的新篇章。2016年以来，杭钢根据国家战略部署和区域经济发展要求并结合浙江实际，立足自身优势条件，聚焦、聚力高质量、竞争力、现代化，提出并实施"四轮驱动、创新高地"发展战略，扎实推进绿色杭钢、数字杭钢、科技杭钢、活力杭钢、清廉杭钢、幸福杭钢建设，坚定不移推进产业调整、资源整合、制度变革、管控重建、体系优化，推动企业转型发展行稳致远，实现产能压缩、结构优化、

1995年10月，浙江冶金集团（杭州钢铁集团公司）成立

2001年8月，杭钢高速线材生产线正式投产

2017年3月，杭钢召开创建60周年总结暨第三次创业推进大会

平稳转型、效益倍增。

"十三五"期间，杭钢实现营业收入 5280 亿元、利润 115 亿元、利税 179 亿元，创历史新高。

未来的杭钢，将按照"五位一体"总体方略，推动数字科技、节能环保、钢铁智造及现代流通四大产业加快发展，以半山数字科技基地、宁波钢铁智造基地、诸暨环保高端装备制造基地为主体，打造科技赋能高地、产业发展高地、人才聚集高地、开放合作高地，努力成为集省级环保产业投融资运营主平台、省内数字经济发展重要高地、国内领先的先进钢铁智造业基地于一体的大型科创集团。

杭钢的发展史和奋斗史，见证了中国钢铁行业的风起云涌，也见证了浙江改革开放 40 多年的辉煌成就，更记录了国企改革发展的蝶变。

杭钢云计算数据中心外景

杭汽轮

——国之重器，国之底气

　　2019 年 6 月，杭州汽轮机股份有限公司（简称杭汽轮）研制的全球功率最大的驱动用工业汽轮机——150 万吨 / 年乙烯裂解气压缩机配套用工业汽轮机机组试车成功，创下国际首台（套）的新纪录。

　　从神华宁煤 10 万等级空分装置汽轮机组投产到青海德令哈 50 兆瓦光热电站实现满负荷运行；从宁夏宝丰 105000m³/h 空分装置用汽轮机、中化泉州乙烯项目百万吨乙烯裂解气汽轮机等单机试车一次性圆满成功到首台亚临界机组交付……由杭汽轮研制的一批代表中国制造顶尖水平的科技创新项目，引来业界同行和专家学者的热切关注。目前，杭汽轮已拥有 15 万等级工业汽轮机、20 万等级发电汽轮机的技术储备。

杭汽轮生产的世界上功率最大的驱动用工业汽轮机（大连恒力 150 万吨 / 年乙烯裂解气压缩机配套用工业汽轮机机组）

1958 年 10 月，杭汽轮在半山回龙村破土动工

1958 年 11 月，杭汽轮研制了浙江省
第一台汽轮机（750 千瓦）

　　汽轮机被广泛应用于石油、化工、冶金等领域，一个国家能否自主制造工业汽轮机，代表着这个国家工业体系是否完备。因为国防建设及重大的海装设备等领域，都会使用工业汽轮机作为核心装备。甚至有一种论断：如果一个国家不能制造工业汽轮机，那么其国家安全就无法保障。从这种意义上来说，杭汽轮研制的产品已成为真正的"国之重器"，这些装备也体现出了"中国动力"。

　　高端装备制造能力是工业现代化的基石，也是衡量制造强国实力的重要标志。杭汽轮 60 多年的艰苦创业，生动展示了企业真正可持续的核心竞争力，唯有科技创新力。

　　杭汽轮的前身是创建于 1958 年的杭州汽轮机厂。

　　1958 年 10 月，浙江省人民委员会批准了在杭州北郊半山工业区兴建杭州汽轮机厂的方案，建设规模定为年产 30 万千瓦汽轮机，总投资为 1700 万元，并要求在 1959 年建成。在半山回龙村厂址的建设中，工厂边生产、边搬迁、边建设，为了尽快建成厂区，党员、团员和骨干工人们在两年多的建设期中纷纷带头参加"星期六义务劳动"，从未间断。1960 年底，杭汽轮正式入驻半山新厂区，生产得到迅速恢复，并首次超额完成了国家计划。

　　60 多年前，一群从未见识过"汽轮机"的人，靠着"振兴民族工业"点燃的激情，在茅草棚里，以最快速度制造出了浙江省第一台"冲动式"

汽轮机。当时各方面的条件都很简陋，筹建处才成立两个多月，一无完整图纸资料，二无精密加工设备，三无熟练的技术工人，四无完备的生产管理组织。不少干部工人工作生活都在车间，他们日夜奋战，苦干、实干加巧干，想出了许多"土办法"，硬是用"蚂蚁啃骨头"的精神，成功试制出全省首台750千瓦电站汽轮机。这台汽轮机生产出来之后，前来参加技术验收的捷克斯洛伐克专家惊呼它是"茅草棚里飞出的金凤凰"。

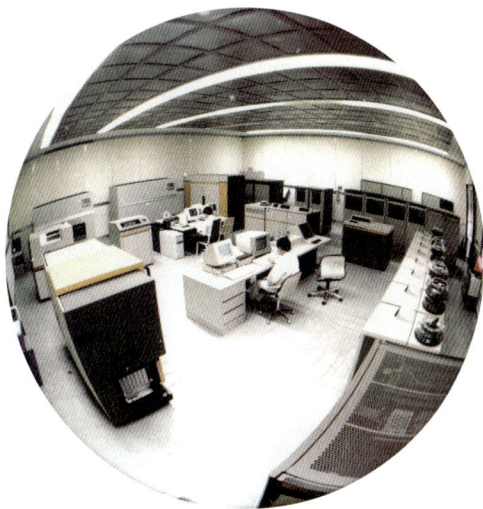

1982年，杭汽轮建成了当时华东地区最大的电子计算机站

从"一锤子、一榔头"起家，到实现"学生"赶超"老师"的逆袭，如今的杭汽轮已走在科技引领自主创新、不断填补一项项业界空白的大道上。他们积极推进科技创新体系建设，集中开展研发合作与协同攻关，突破了一批核心技术与关键技术。近年来荣获国家科学技术进步奖二等奖1项，浙江省科学技术进步奖一等奖3项，浙江省技术发明奖一等奖1项，中国机械工业科学技术奖一、二等奖6项，浙江省机械工业科学技术奖一等奖6项，浙江省装备制造业重点领域国际首台（套）产品称号1项，浙江省装备制造业重点领域首台（套）产品称号7项。如今，杭汽轮国家级企业博士后工作站拥有进站博士5名，顺利出站博士后3名，这为企业实现转型升级、科学发展带来勃勃生机。

自首台750千瓦汽轮机落地到如今能制造全球最大的工业汽轮机，60多年来，杭汽轮几乎囊括了我国各个历史发展时期重点建设工程项目的国产工业驱动汽轮机首台（套）的设计和制造。

如果汽轮机是装备制造业的皇冠，那么燃气轮机就是皇冠上的那颗明珠。

目前，世界上只有美、英、俄、德、法、日等少数国家具备独立研制先进燃气轮机的能力。这些国家借助技术优势和综合国力，开发了从几十千瓦到几十万千瓦的不同功率档次的燃气轮机，并将其广泛应用于军民领域。为了拿下这颗"皇冠上的明珠"，杭汽轮已将其列入未来发展的重中之重。

1958年，从简陋的作坊式工厂起步，杭汽轮在"一穷二白"的条件下艰苦奋斗，从追赶迈向跨越，进而跻身全球知名的工业汽轮机制造龙头企业行列，不断为"中国动力"贡献力量。

杭汽轮生产制造的工业汽轮机多次创下国际首台（套）的新纪录

杭汽轮静子车间

杭汽轮高速动平衡试验台（浙江省重点实验室）

守正创新老字号

千年运河，繁华武林。拱墅自古商贾辐辏，字号云集。

一个老字号就是一部浓缩的历史，承载着几代人的共同记忆，见证了民族工商业光辉的发展历程。老字号作为中华悠久商业文明的传承者、承载民族文化记忆的活化石，不仅拥有世代相传的独特产品、精湛技艺和服务理念，更包蕴着深厚的文化内涵和历史文化价值。保护与发展经典产业和老字号，既是保护优秀传统文化，也是传承城市记忆。

改革开放 40 多年，运河两岸数次蝶变，一批历史悠久的字号从历史的尘埃中走来，迸发出飞扬的生命力。众多老字号不仅没有被时代大潮淹没，还焕发出新的生机：王星记、都锦生、张小泉、天竺筷、张同泰等知名老字号，不仅守住了传统工艺的"正"、商品质量的"正"，而且不断推出新产品、开拓新平台，为老字号注入了新的活力。

扇舞春秋王星记

有着 140 余年历史的王星记扇子，在时代风雨的洗礼中轻轻摇动，摇出了瑰丽如史诗的扇技艺历史传承，摇出了国家首批认定的"中华老字号王星记扇业号"企业，也摇出了扬名海内外的"中国驰名商标"，成就了经典而又辉煌的老字号传奇。

黑纸扇、檀香扇、绢扇、白纸扇、羽毛扇、宫团扇、戏剧扇等各种品类的扇子王星记应有尽有，其中尤以黑纸扇和檀香扇为最。王星记扇子做工考究，要经过糊面、折面、上色、整形等 16 道工序，生产的黑纸扇以棕竹和桑皮纸作材料，既可以扇风取凉，又能遮阳避雨，有"一把扇子半把伞"的美称。

在清朝，王星记扇子常作为杭州特产进贡朝廷，被冠以"贡扇"之誉，并与丝绸、龙井茶齐名，合称为"杭产三绝"，还被作为"国礼"，远渡重洋。

随着社会的发展，传统工艺在激烈的市场竞争中遇到了前所未有的挑战。王星记在传统工艺与现代时尚相结合方面做了很多尝试，运用现代理念去挖掘传统扇工艺的精华。如今，王星记产品已发展到了 19 个大类 5000 多个花色品种，每年开发的新产品占产品总数的 30%。

近年来，王星记着力实施主攻内销、出击国际、开发新品的"三条腿"战略，内外销势头一路飙升，年销售额从 700 万元上升到 2000 多万元，生产规模从 3000 平方米扩大到 4000 多平方米，这个百年老字号再次焕发了青春。

2010 年 12 月，王星记在长板巷创建了全国首个中华老字号文化创意产业园，着力将传统生产型企业提升为集研发、生产、商贸、旅游和文化交流于一体的综合性现代服务企业。在这里，不定期地开展着工艺美术大师与著名美学家的对话、扇设计大奖赛、扇艺体验游、扇子达人秀微博大赛等活动。

2004 年至今，王星记共有 81 件作品在中国工艺美术大师作品暨手工艺术精品博览会、中国（浙江）工艺美术精品博览会、杭州市工艺美术精品博览会等评比中获金银大奖。王星记被评为浙江省名牌产品和浙江省知名商号，王星记扇子技艺被列入国家级非物质文化遗产保护名录，并成为联合国教科文组织"工艺与民间艺术之都"传承基地。

王星记扇博物馆中的精品展陈　　王星记扇子深受各界人士喜爱　　王星记手工艺人正在制作扇面

织锦瑰宝都锦生

中国有四大名锦——杭州织锦、四川蜀锦、苏州宋锦、南京云锦，而杭州织锦的代表非都锦生莫属。

在杭州提到都锦生，无人不知无人不晓，以前人们在居家装饰中，会以有一件都锦生织锦为荣。其实，都锦生不仅是杭州老字号的织锦品牌，其创始人还是一位有口皆碑的爱国实业家。

从一个人名到企业名、产品名，再到不间断地延续近百年的企业实体，这样的老字号在中华老字号史上屈指可数。都锦生已和杭州织锦融为一体，是民间艺术中的瑰宝，更是一种古老技艺的传承。

杭州织锦从五代时期发端，融合了南北织锦技艺的精华，又将杭州西湖山水的灵秀融于其中，形成了自己独特的艺术风格和技艺特点。1921年，由都锦生首创的黑白丝织风景织锦画《九溪十八涧》不仅是风景织锦影光组织意匠技艺的代表作，而且把中国的织锦技艺推向了一个高峰。这幅织锦画突破了一般织物的提花方法，以织物组织中的八枚缎子阴阳组织相过渡的方法来表达风景画中的明暗层次。这种方法被称为影光组织，自此以后成了中国像景织锦的基本技法之一。《九溪十八涧》织锦曾于1926年参加在美国费城举办的世界博览会并荣获金奖，这也是中国织锦在国际上获得的最高荣誉。

都锦生织锦历百年而不衰，缘于坚持传统手工工艺设计生产。其产品大多为纯手工制作，一般要经过58道手工工序才能完成，做工精致、色彩瑰丽、质地细腻、手感丰满，极富民族特色。在都锦生织锦传统手工技艺中，风景织锦影光组织意匠技艺和五彩锦绣织锦棒刀起法技艺均为世界首创，在中国织锦发展史上有着重要的地位。

都锦生（1897—1943）

《九溪十八涧》织锦获 1926 年美国费城世
博会金奖的证书

都锦生织锦作品《宫妃夜游图》

都锦生织锦作品《丝绸之源》

    目前，都锦生已形成了以像景织锦、装饰织锦、服用织锦为代表的三大系列共 1640 余个花色品种，并被列入了第一批浙江省非物质文化遗产代表作名录。

    国家级非物质文化遗产"杭罗"是杭州丝织品的重要代表，作为杭州丝绸主要生产厂家之一的都锦生，一直坚持着"杭罗"的生产、传承和保护。"杭罗"可分为"横罗""直罗""花罗"3 种，至今这 3 种产品都锦生均能生产，其中工艺最复杂的"花罗"更是只有都锦生生产。都锦生生产"杭罗"的工艺仍是遵循古法，经师父、徒弟口口相传，比如特制的提花龙头、特别的装造技术、关键的绞花工艺、保密的原料助剂都保证了"杭罗翼纱薄似空，飞罗轻如云"的特性，而现代设备与工艺的创新又使都锦生的"杭罗"产品与时俱进，有了更好的发展。

从 20 世纪 90 年代开始，都锦生开始了以技术创新和产品创新为主要内容的改革，成立了织锦研发中心和中国第一家织锦博物馆。经过 10 多年的努力，都锦生再次焕发了青春，重振了中华老字号的声誉。

2011 年 5 月，以都锦生织锦技艺为主要内容的"杭州织锦技艺"被列入第三批国家级非物质文化遗产目录。2016 年，都锦生为 G20 杭州峰会定制生产了国礼《丝绸之源》。

1922 年创立的都锦生已走过了百年的历史，作为杭州织锦的代表，在岁月的洗礼下，它没有被时代潮流淹没，而是与时俱进，以崭新的模式发展壮大，走出了更广阔的天地。

良钢精作张小泉

杭剪，是我国著名的传统铁制手工艺产品。南宋时，杭州已有钉铰作坊（古时称剪刀为钉铰）和修磨刀剪匠作。在众多的刀剪品牌中，有着近 400 年历史的老字号"张小泉"可谓"头牌"。1910 年，张小泉剪刀在南洋劝业会上获得银质奖牌。1929 年，张小泉剪刀又斩获西湖博览会特等奖。1997 年 4 月，张小泉剪刀成了中国五金行业的第一个驰名商标，也是杭州的第一个中国驰名商标。

1915 年，张小泉获巴拿马"万国博览会"大奖奖牌

新中国成立初期的张小泉剪刀生产场景

1960 年，位于拱墅大关的张小泉剪刀厂厂房全景

品牌，是张小泉剪刀的立身之本。历代张小泉的传承者一直恪守着"良钢精作"的祖训，工善其事。从创业至今，张小泉一直坚持 72 道传统手工锻造工序，并且发扬"镶钢分明、磨工精细、刃口锋利、销钉牢固、开合和顺、式样精巧、经久耐用"的特色，这使得张小泉剪刀屡获殊荣。

1956 年 2 月，张小泉近记、老昌记等 32 家剪刀商号实行公私合营，成立杭州张小泉近记剪刀总店。

从 1965 年至 1988 年，张小泉剪刀在全国剪刀质量评比中均排名第一，成为中国刀剪业唯一的"五连冠"。1979 年，张小泉剪刀获国家质量银奖奖章，并被评为轻工业部部优产品。此后，张小泉品牌陆续被认定为中国著名品牌、全国消费者信得过产品等。据统计，张小泉系列产品共获全国金奖 7 次、银奖 6 次，获各类系统内和地方政府颁发的奖项近 600 次，是名副其实的获奖专业户。

改革开放初期，得益于品牌影响力，张小泉剪刀供应紧俏，销售额快速迈上 5000 万元的台阶。进入 21 世纪，张小泉确定了从单一的生产制造向生产制造与品牌运营并重转型的经营战略。在生产制造上，张小泉提高核心竞争力，升级生产设备，专注生产一流的产品；在市场营销上，不断提升渠道价值，同时将突破口放在了销售终端。一个显著的变化是，这家数百年来一直以剪刀、刀具闻名的老字号，开始生产适合当下消费者生活方式的新产品，用新产品撞击消费者的思维。"旧的传承"与"新的市场"快速磨合，张小泉与年轻人的距离在拉近，拥有中国传统元素的产品正在受到追捧。

2000 年，张小泉研发的剪彩剪刀——龙凤金剪被西湖博览会组委会确认为 2000 年西湖博览会剪彩指定用剪，并获得首届中国工艺大师作品暨工艺美术精品博览会优秀创作奖。2006 年，张小泉被重新认定为第一批"中华老字号"；也是在这一年，张小泉剪刀锻制技艺被文化部列为第一批国家级非物质文化遗产。

守正创新，知易行难。品牌强则经济兴，经济兴则国富民强。无论是立足经营发展、弄潮市场蓝海，还是传承优秀文脉、振兴民族品牌，老字号正把握机遇，竞进有为，以守正创新勃发生机，用国潮实力呈现魅力，为品牌强国添砖加瓦，为文化自信凝神聚气，为共同富裕做出最生动的注解。

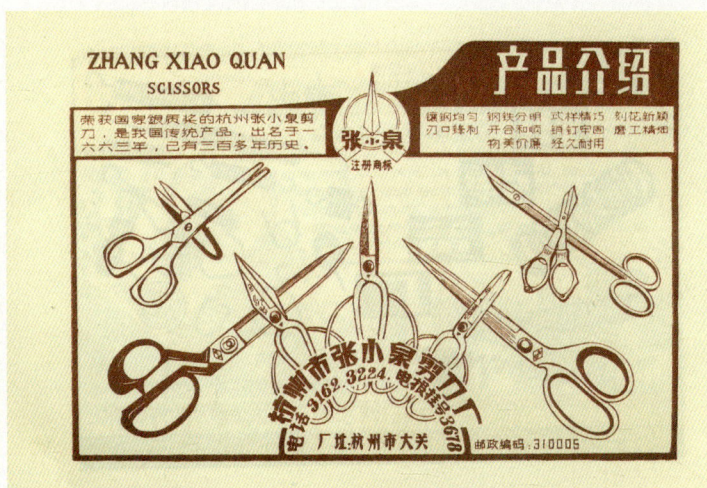

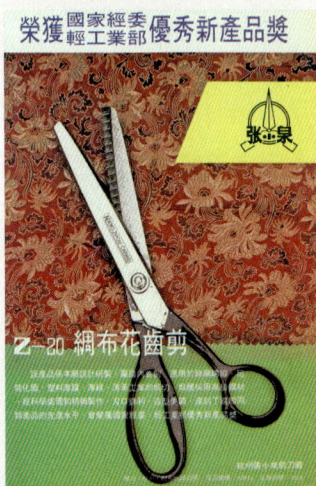

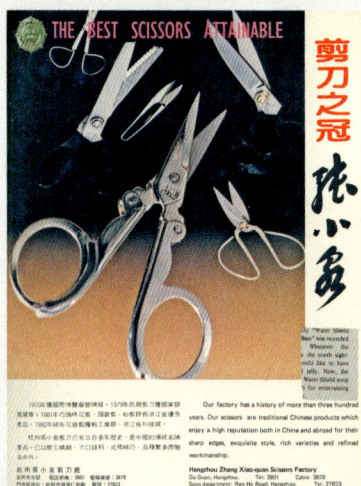

不同历史时期的张小泉剪刀广告

浙江展览馆，
一座城市的文化地标

　　在杭州运河边，有这样一处地方，提到它便能勾起人们对过往时光的美好回忆，那就是坐落于武林广场正中的浙江展览馆。

　　浙江展览馆位于杭州城市中轴线上，从空中俯瞰，整个建筑呈汉字"中"字形布局，庄严质朴地伫立在武林广场中央，北隔运河与西湖文化广场相邻，南对延安路，遥望着城市的车水马龙。历经半个多世纪，浙江展览馆不仅见证了杭州城市的发展与繁荣，更是运河两岸人民精神文化生活变迁的缩影。

举全省之力筹建

　　20 世纪 60 年代，全国各地掀起学习毛泽东思想的热潮，纷纷举办以"毛泽东思想的伟大胜利"为主题的展览和活动。当时浙江全省还没有一座成规模的展览馆。因此，浙江省委决定建设一座宣传毛泽东思想和开展群众运动的展览场馆，浙江展览馆应运而生。

　　1968 年 5 月，展览馆正式开始兴建。原计划投入经费 500 万元，最终花费 800 万元，而当年全省年可支配财政收入仅 3000 多万元，足见其受重视程度。

　　考虑到展览馆的政治宣传作用和方便群众活动的举办，选定延安路的最北端为馆址。

　　设计方案几经比较修改，筹备小组最终选择了综合北京的人民大会堂和当时的中国历史博物馆（现中国国家博物馆）的设计方案——一正二副三层

1969 年，浙江展览馆迎来首展，人们排队观展并接受红色教育

厅堂结构、正门前的台基筑 8 根大理石立柱，高大、庄严。

1968 年 9 月，浙江展览馆正式动工。设计图纸还未完成，6 个施工单位已经进场待命。在那个物资匮乏的年代，由于没有推土机和挖掘设备，所有非工程技术的投入均由人力劳动完成，全省 400 余家厂矿单位和近万名驻浙部队、省市机关干部群众投入到了火热的建设之中，义务劳动总人数近 30 万人次。在各方的通力合作下，靠着勤劳的双手，只争朝夕的使命担当，仅用 11 个月便完成了展览馆的建设。原设计建筑面积 1 万平方米，最终完成建设 1.2 万平方米，还建成了 1.5 万平方米的南北广场。

展览馆使用的是当时最高级和最先进的建材与设备：彩色水磨石地坪、黄色花岗岩台阶和琉璃瓦；楼顶上东南西北四面还安装了 40 只大喇叭，连接着二楼的一口机械钟，每天清晨 5 点整，城市刚刚苏醒的时分，展览馆楼顶会准时响起《东方红》乐曲的报时钟声，威武而庄严。展览馆的大门上方安装着一面硕大的圆形镜。据说当年站在吴山山顶，可以看见这个象征着"毛泽东思想胜利"的圆镜。馆舍内外装饰中选用的是红五星和向日葵等红色元素，不仅记录着这座建筑的红色初心，更留下了鲜明的时代印迹。

1969 年 3 月 23 日，威风锣鼓震天响，"我们心中的红太阳——毛泽东思想胜利万岁展览馆"正式建成。此后陆续在浙江展览馆举办的政治文化类展览，更是凸显了它在红色文化宣传阵地中独一无二的作用和地位。作为浙江省第一座会展场馆，游行、庆典、集会……每逢重大节日，展览馆都会举行各种活动，这里成了人们接受思想教育的大课堂。

杭州市民的"红太阳"

人们将这座展览馆亲切地称为"红太阳展览馆"。当年的杭州市民或许很难预见，在这大片菜地和花地上建成的展览馆会成为与他们工作、生活乃至人生密不可分的场所。而伴随着浙江展览馆一起发展起来的武林广场（当时称红太阳广场），也成了全省开展广场文化活动最早、影响力最大的地方。

20 世纪 70 年代，浙江展览馆举办了一系列重要展览——宣传中国革命的艰难历程，介绍社会主义经济、文化建设的光辉成就，展示人民领袖的革命风范以及先锋模范人物的动人事迹，激励了千千万万的浙江儿女奋发向上。1970 年 4 月 24 日，展览馆的报时钟迎来了辉煌的一刻。这一天，中国自行研制的第一颗人造地球卫星"东方红 1 号"顺利发射升空，并把《东方红》乐曲传回地球。人们听着中央人民广播电台转播的《东方红》乐曲，爆发出山呼海啸般的欢呼。整个广场沸腾了！

1976 年 9 月，毛泽东主席逝世，在浙江展览馆前，20 多万军民举行了隆重的追悼大会。

1977 年，展览馆更名为浙江展览馆，慢慢地从单一的政治功能场所，逐渐成为展示浙江政治、经济、文化、科技成果的窗口，也成了全省最有影响的展览馆。

从 20 世纪 80 年代起，浙江展览馆成了繁荣社会主义文艺、对外进行文化交流的重要舞台。国内外视觉艺术展览纷沓而来，各种美术、书法、摄影展览不断，国家级大型艺术展览时有举办，这里成为省内展览活动最频繁、最具规模的场所。当年，展览馆举办的各种文学讲座场场爆满，人们在这里见证了文学繁盛的"八十年代"。当改革开放的号角在中华大地吹响后，浙江展览馆也为这场深刻的变革起到推动作用，不断举办经济类展览，将有浙江特色的产品推向全国，推向世界，将国内外的先进技术和产品介绍、引进到省内，起到了促进经济发展的桥梁和纽带作用。

改革开放初期，浙江展览馆举办的展销会一度成了市民"狂欢的盛宴"。当时许多物件还需凭票购买，于是，白天人声鼎沸、夜晚漏夜排队也就成为武林广场上经常发生的事情。此后，饭店、彩色照片扩印店、摄影图片社、书店和杭州最早的咖啡馆等陆续铺开，因为浙江展览馆的存在，杭州市民的生活变得丰富多彩。1984年9月，展览馆前落成的"八少女"雕塑音乐喷泉是杭州历史上第一座现代化音乐喷泉，这座杭州地标更是承载了老百姓和无数家庭浪漫而温馨的故事。

焕新归来，历久弥新

进入21世纪，由于建筑年代久远，浙江展览馆老旧的设施已逐渐跟不上现代会展业的现实需要。加之杭州城市规划的拓展，浙江展览馆陷入了"拆"与"保"的争论中。2005年3月，浙江省政府召开专题研究会议，

2017年1月，浙江展览馆被评为省级文保单位。浙江展览馆是浙江省办展最早、影响最大的标志性展览场馆之一

1980 年 11 月，美国檀香山书画交流展在浙江展览馆举办

1986 年 11 月，原子核科学技术应用展在浙江展览馆举办

1988 年 10 月 13 日，浙江省科委星火计划成果展

20 世纪 80 年代，浙江展览馆前的"八少女"雕塑音乐喷泉

1990 年 12 月，浙江省文艺界十年成果展

1997 年 6 月 28 日，"香港明天更美好"大型图片展

锤落音定，确定浙江展览馆"修旧如旧"，保存下来。2010年，浙江展览馆正式成为杭州市第五批"历史保护建筑"。2011年，浙江省第十二届委员会第十次全体会议《关于认真贯彻党的十七届六中全会精神大力推进文化强省建设的决定》将浙江展览馆列为重点建设文化设施，使其继续发挥作用。

2012年12月，伴随武林广场改造的步伐，浙江展览馆修缮改造工程正式启动。修缮后的浙江展览馆基本保持原有外观和风格，增加了6个展厅，建筑面积从1万多平方米增加到2万多平方米，面积扩大了近一倍，并恢复了中央大厅的会议功能，馆内还引进了智能化系统工程。

2017年1月，浙江展览馆重新开馆亮相。作为浙江办展最早、影响最大的标志性展览场馆，浙江展览馆在恢复往日繁荣景象的同时，继续传承着红色文化基因，延续着百姓的文化梦想，不仅成为全省文艺家的艺术殿堂、现代市民的精神家园，也成了浙江省经济、文化成果的展示窗口。建馆以来，浙江展览馆举办了2000多场次的展览和活动，这些展览活动内容涵盖了政治、经济、文化、民生等各个领域。"红太阳"在岁月中照耀着杭州的发展，也陪伴和见证了一代代杭州市民的成长。这永不消逝的"阳光"，还将以文化之名继续照亮杭州城市的未来。

2018年1月，"最美浙江人"展览在浙江展览馆内开放，成为感受浙江大地"最美"风景、聆听"最美"故事、走进"最美"人物的生动课堂

"春天的故事"
写在拱墅大地上

1978 年底，随着党的十一届三中全会的召开，改革开放的大幕徐徐拉开。

44 年，仅是历史一瞬，但可以改变一座城市：从地区生产总值 28.4 亿元到超过 16000 亿元；从"美丽的西湖破烂的城市"到具有"独特韵味，别样精彩"的国际化名城；从"消费型旅游城市"到中国数字经济高地、全球电子商务之都……这是改革开放以来，杭州的变迁路。

东方红，太阳升。"红太阳广场"不仅仅是老杭州人的情感记忆，更见证了杭州改革开放的发展变化。而这伟大的变迁，就起航于不起眼的"摆地摊儿"。

"红太阳地摊儿"是浙江省创办最早的市场之一，以敢为天下先的勇气，成为当时杭州的时尚窗口，被誉为"杭州改革开放第一炮"

"红太阳地摊儿"

1980 年 3 月，"红太阳地摊儿"在浙江展览馆西侧的马路上开张。小商贩从福建石狮，广东番禺、肇庆和浙南温州、瑞安等地贩来服装、电子手表、半导体等日用小商品，摆摊做起了小生意。

那时候的"红太阳地摊儿"虽是一排排低矮简陋仅能遮阳避雨的棚屋，但人气却很旺，是响当当的"购物圣地"。不仅物美价廉，品种也比百货商店来得多，来得鲜艳新奇。假如你想知道当时的流行风尚，去"红太阳地摊儿"便可大致知晓。为了规范和管理好市场，当时的工商部门统一规划了 900 多个摊位。到 1982 年底，已有注册摊位 1038 个，从业人员更是近 2000 人。"红太阳地摊儿"主要产品为服装、棉毛织品和各种鞋类及电子产品，也经营着1600 余种老百姓需要的日用小商品，包括铁锅、棕绷、尼龙牙刷、卫生纸等，日进场客流量 6 万余人（次）。"红太阳地摊儿"的崛起丰富了当时单调的购物途径，从此，国营和集体商店不再是人们唯一的选择。杭州最早的一批"万元户"就诞生于这里。

1987 年 8 月，就在"红太阳广场"，杭州市工商行政管理部门将从各地查获的 5000 余双温州生产的劣质鞋付之一炬，给肆意横行的"假冒伪劣"商品以当头棒喝，从此温州皮鞋痛定思痛，走上一条"质量兴企"的制鞋之

1987 年 8 月，工商行政管理部门在"红太阳广场"销毁温州伪劣皮鞋

20 世纪 90 年代，武林广场成为杭州市民经济文化展示及消费中心

环北小商品市场曾是华东地区著名的服装、小商品集散中心

杭州大厦已成为集购物、会议展览、住宿、办公为一体的城市综合体

路。这成为浙江省改革开放史和民营经济史上意义深远的一件大事。

随着武林广场周围的企业不断发展壮大，这里涌起了商业浪潮：1986年初，国大百货建成；1988年，杭州大厦建成；1989年，杭州百货大楼营业；1998年，延安路银泰百货开业……这不仅是武林商圈的开端，更是杭州商贸繁荣的原点。

1992年，因城市建设的需要，"红太阳地摊儿"搬到环城北路武林门轮船码头旁的运河边上，有了一个杭州市民耳熟能详的新名称：环北小商品市场。1997年，环北小商品市场整体搬迁到凤起路，逐步发展成了华东地区最具吸引力的服装和小商品集散中心。

从小作坊到大集团

40年前，上塘河畔的沈塘湾还是一个名不见经传的小村庄。1979年，一家只有7个工人和5000元本钱的线手套加工作坊——建华针织厂诞生了。因为村子一度被命名"建华大队"，工厂也因此而得名。

改革开放后，家庭联产承包责任制极大地激发了农民的生产积极性，农业生产力得到大发展。部分农民逐渐脱离农村，走上亦工亦农的道路，这为工业、服务业的大发展提供了充沛的劳动力。

几年间，沈塘湾村不断开拓经营思路，相继办起了小五金加工厂、建华建筑机械厂，还有拉丝分厂、叉车分厂等联营企业。20世纪90年代初，沈塘湾村提出以"技术入股"的方式组建公司，并允许管理团队按生产要素参与分配，这在当时的民营企业中可谓开了先河。也正是这次的"创新"，让曾经的小作坊逐渐成长为一个综合性集团。

1994年，浙江建华集团有限公司成立，凭借努力创新，由一家村办手套厂华丽蜕变为拥有12家全资控股企业和9家参股关联企业的现代企业集团，在创新发展中走出了一条独属于自己的道路。公司连续多年被评为浙江省服务业企业100强，多年入选中国服务业企业500强。

伴随着时代发展，乡镇企业、集体企业不断成长及改制，产权逐步明晰，生产力获得解放，这也带动了杭州工业大发展。浙江华丰企业集团和浙江和平工贸集团也都由乡镇企业起步，经过多年的精心经营，从经营结构单一的小型村级企业发展成跨行业、多门类产业集团。

改革开放的历史，也是大运河两岸沧海桑田的发展史、奋斗史，更是千万个你我生活发生改变的个人史。

建华集团从乡镇小作坊起家，发展成为集现代服务业、先进制造业于一体的企业集团

由浙江和平工贸集团投资建设的和平会展中心曾是杭州重要的会展商贸交流中心

王马社区的"楼道经"

2002 年 7 月 18 日，在长庆街道王马社区里，来自富润里 1 幢 1 单元和 2 单元的 18 名共产党员第一次以党员的身份会聚在一起，并通过民主选举产生了第一任楼道支部书记，由此，全国第一个楼道党支部在王马社区正式成立。

富润里 1 幢又称"科普楼"，因此这个楼道党支部被命名为"科普楼道支部"。

作为全国第一个楼道党支部的诞生地，王马社区始终坚持党建引领，以建设"红色王马·幸福家园"为目标，积极开展社区治理和服务创新工作。楼道党支部给王马社区带来的新变化，是浙江创新推进城市社区党建工作的生动缩影。

如今，楼道党支部已成为王马社区响当当的党建品牌。

支部建在楼道　党员就在身边

进入 21 世纪，我国的社会结构发生着转变，社会组织管理模式从"单位制"逐渐过渡到"社区制"。基层社会治理的对象和范围发生了深刻变化，社区和社群正在成为基层社会治理的"新场域"。2001 年，王马社区的党员人数从 40 多人快速增至近 500 人，动员不易、组织涣散、约束弱化，给党建工作的开展带来了许多难题。

为了扭转这一被动局面，王马社区决定在党员人数 15 人至 20 人的一幢或邻近几幢楼里，成立一个退休人员党支部。战争年代支部可以建在连队上，和平年代支部也可以建在楼道上！于是，社区干部提出"五个一"目标：成立一个支部、选好一个书记、叫响一句口号、凝聚一方群众、办好一件实事。

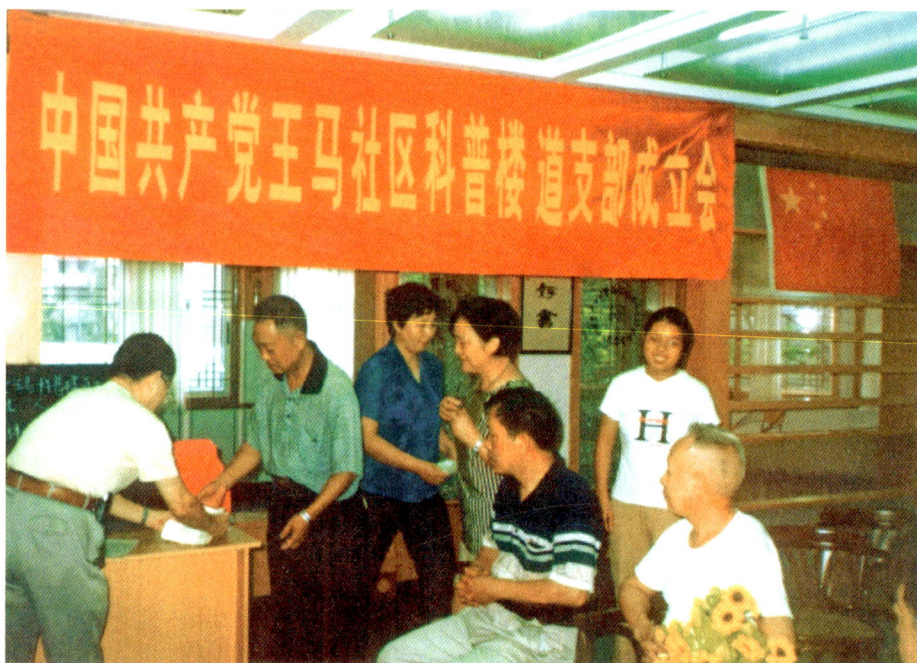

2002 年 7 月 18 日，全国第一个楼道党支部在王马社区成立

在科普楼道支部成立的组织生活会上，18 名党员做出了一致决定：在"科普楼"首先开展"亮灯工程"，让楼道焕然一新。每位党员都自愿交了 20 元党费，用来更换楼道里老旧、破损的灯泡。明亮的灯光一扫原来的阴暗闭塞，科普楼变得敞亮通明了，居民上下楼的步伐也变得轻快舒畅了。更为重要的是，"亮灯工程"不仅照亮了楼道，也点亮了人心。楼道党支部的各种举措，开启了"王马"特色的基层治理新模式。

"心里装着群众，凡事想着群众，工作依靠群众，一切为了群众。"这句话不仅高挂于王马社区活动室的墙上，更是深深烙在社区干部的心里——群众的所需所求就是民生的呼唤，人民的所感所受就是基层的声音。

在王马社区，谈起邻里关系，没有一个不竖大拇指：社区里人情味儿浓得让彼此像亲人，一户人家有事，整幢楼都会来帮忙，邻里关系越来越融洽。"全心全意为人民服务"也涌动在所有党员的血脉中，凝铸成了组织的红色基因，变成了王马社区的公约数。截至 2021 年 7 月，王马社区已成立 29 个楼道党支部，覆盖了所有党员。

"一网六员"和"66810"工作法

社区老人多，需要上门服务；流动人口多，缺乏安全教育……一件件具体的小事，就是百姓的需求。

如何建立一套更为立体的机制，调动更多居民参与到社区管理中来？创新的脚步不停，王马社区在服务 G20 杭州峰会时，创新了网格化管理服务模式，探索出"一网六员"的工作法。

按照街、路、巷的边界，王马社区将辖区划分为 5 个网格，并设立"一网六员"，即网格长、网格助理员、网格民警、网格指导员、网格专管员、网格信息员。社区党委班子成员担任网格长，楼道骨干居民担任网格信息员。信息员活跃在社区的各个角落，一旦发现问题，立马上报给网格长，网格长再联系相关人员解决问题。

王马社区还把目光聚焦在创新服务规范和机制上，"66810"为民服务法便应运而生，成为楼道党支部书记开展工作的指导方针。"66810"为民服务法，简单归纳就是"六必访、六必到、八必报、十条线"。"六必到"是指楼道党支部六必到，如党员思想波动必到、党员志愿服务必到；"六必访"是指社区党委六必访，如困难群众每月必访、独居老人每月必访；"八必报"是指党员协助社区做到八必报，如公共设施损坏必报、背街小巷不洁必报；"十条为民服务线"是指社区推出十条为民服务线，如党员先锋服务线、环境美化服务线。

百姓议事会，共商身边事

"66810"实现了自上而下地听取意见、解决问题，"一网六员"则体现了自下而上的居民参与、共建共享。社区有了"明白账"，服务自然更精准，基本实现了"琐事不出楼道、小事不出网格、大事不出社区、矛盾不上交"。

而其他的问题，社区党委则通过"百姓议事会"来解决，探索出了居民协商的新方式。为了实现"听百姓说事、请百姓议事、为百姓办事"，

王马社区楼道党支部的党建宣传墙

"王马记忆"墙

王马社区楼道党支部的党员们在党群服务中心门前合影

2013年，王马社区党委探索通过基层民主协商来解决居民遇到的问题，牵头组建了由楼道骨干、在职党员、辖区单位代表和热心居民组成的百姓议事团，开展社区治理。

在楼道建支部的基础上，党支部创造性地提出"睦邻推动，楼宇自治"模式，建立了"楼宇自治会"。楼道党支部的党员在轮流义务巡逻中听民声，在清理楼道堆积物时体民情，在党群活动的组织中解民忧，真真切切地做到了为人民着想，为人民服务。支部建在楼道，党员就在身边，居民们纷纷夸赞楼道党支部做的每一件实事。这也实现了王马社区"五个一"的构想和期待。

初心小巷显初心

"温馨"成了王马社区的代名词：温馨港湾信箱收集民生热点、难点，搭建起了党组织与群众间的无形纽带；温馨帮扶站提供无偿援助服务，为空巢老人带去精神慰藉，为困难家庭带去生活希冀；温馨港湾睦邻卡聚拢邻里街坊，促进了社区的和谐运转；温馨港湾学习教育平台提供全方位教育辅导，打造了社区向学互助氛围。

针对社区图书阅览室利用率不高的问题，楼道党支部的党员自发组织起来担任管理员，不拿一分报酬，一做就是数年。冬天里为了赶早扫除道路上的积雪，楼道支部书记组织党员天不亮就带着工具出门，连早饭都是家人送来后，在路边凑合着吃几口。

无论是背街小巷改造中的逐户劝导，还是"非典"、新冠肺炎疫情期间挨家挨户地宣传讲解，防流感、御台风、除冰雪等急、难、险、重的任务，一年365天，不管是刮风还是下雨，社区群众每天都能看到共产党员臂挂小红袖章在社区楼道间默默奉献。

在为民服务的启发下，街道党工委和社区党委围绕民生需求，精心打造红色党建地带"王马初心小巷"。

"王马初心小巷"尽管只有短短几百米，却连接了"全国先进基层党组织"王马社区、"中国社区卫生协会优秀培训基地"长庆潮鸣街道社区卫生服务中心、全国首批"枫桥式公安派出所"长庆派出所、"中国教育学会中小学整体改革专业委员会实验基地"青蓝小学等 4 家全国先进单位。在这条小巷里工作的医生、社工、警察、职工、老师们，无不用自己的实际行动讲述着初心故事。

2019 年，在"王马初心小巷"环境提升改造中，街道党工委结合"不忘初心、牢记使命"主题教育，牢牢把握"以群众的呼声为第一信号、以群众的利益为第一追求、以群众的满意为第一标准"的工作理念，全面弘扬红色文化，对居住环境、基础设施进行全面提升，建成了一条具有一定影响力、规模和特色的体系化的红色党建垂直带。

社区是社会治理的基本单元，事关人民群众切身利益，事关城乡基层社会和谐稳定。作为全国第一个楼道党支部的诞生地，王马社区在党建引领下，聚焦城乡社区治理，走出了一条新路，为浙江城乡社区治理贡献了新思路、新举措、新样本。

王马初心小巷

"天堂"流过一条河

——运河文化看拱墅

　　流淌了 2000 多年的大运河，见证着杭州的变迁与繁华。大运河，不仅是杭州的宝贵文化遗产和精神财富，也是杭州城市发展的主要空间轴线和城市文脉。

　　2014 年 6 月 22 日，在卡塔尔多哈举行的联合国教科文组织第 38 届世界遗产大会上，随着大会执行主席敲动木槌，中国大运河申遗成功！

　　到如今，大运河又完成了一次蝶变。京杭大运河最南端的杭州拱墅，已经成为中国大运河沿线古迹保存最完善、风貌最典型、景观最优美的区域之一。

　　8 年，只是开始。运河，未来更加可期。

　　2021 年是大运河国家文化公园建设"元年"，杭州拱墅深入挖掘"千年运河、繁华武林"的文化底蕴，统筹做好保护、传承、利用文章，全方位释放区划优化调整后的最大动能——打造大运河文化标志性工程，创新大运河文化标志性品牌，提升"运河文化看拱墅"的美誉度和影响力，彰显拱墅"千年运河历史、百年工业遗存"的别样精彩。

　　运河文化奔腾浪花如卷，正奔向世界，奔向未来。

挖掘遗产精髓　传承运河文化

　　一条大运河蜿蜒流淌，不仅贯穿南北，也串起了拱墅的前世今生。

　　这里集中着杭州运河文化最精华的部分——

从坝子桥到拱宸桥，从唐经幢到香积寺，从打铁关到北新关，从浙江展览馆到国家厂丝储备仓库，从王星记扇子到张小泉剪刀，从杭州小热昏到半山立夏节……

拱墅共有17处工业遗存，是大运河沿线区县（市）中保存最完整、最具典型意义的。为此，拱墅探索出了工业遗存改造利用的全新模式。

工业"搬"出来，文化"住"进去——

拱宸桥一带，集聚了中国京杭大运河博物馆、中国刀剪剑博物馆、中国扇博物馆、中国伞博物馆、中国杭州工艺美术博物馆等五大国家博物馆，形成了城市中罕见的博物馆群落。

拱墅全境拥有各类博物馆20余座，历史风貌街区5个，市级以上非物质文化遗产31项，是杭州运河历史底蕴最深厚、文化遗产最丰富、文旅价值最优越的核心段。

这里串联着杭州运河两岸最繁荣的区域——

中国京杭大运河博物馆

中国刀剪剑博物馆　中国伞博物馆

中国杭州工艺美术博物馆

国家厂丝储备仓库

小河直街

胜利河美食街

从杭城繁华原点武林门到快速崛起的大运河中央商务区，从延安路国际商业大街到桥西历史文化街区，从武林夜市到胜利河美食街，从西湖文化广场到运河文化广场，从新天地"太阳马戏"到大运河文化艺术中心"开心麻花"……

运河两岸白天人流如织，夜晚灯光璀璨，尽显历史与现实交相辉映的独特韵味和别样精彩。

大运河深厚的文化底蕴还吸引了一大批文化名人、名企落户于此，不断激发运河文化创新创造活力。

坐落在拱墅区的原国家厂丝储备仓库，引入了丝绸主题酒店，将老旧厂房打造成了运河天地文化创意产业园这一省级示范园区，中文在线等一批重点企业相继入驻运河畔。著名钢琴家郎朗、著名话剧导演孟京辉、著名越剧表演艺术家赵志刚、网络文学三剑客等相继在运河边设立工作室；张小泉剪刀、朱养心膏药等一大批国家级非物质文化遗产传承人齐聚运河畔，助力杭州以"工艺与民间艺术之都"的身份加入全球创意城市网络。

运河泱泱，且珍且依且流长

大运河的文化基因根植在大城北的工业遗存之上，无论是位于热电厂旧址的商业综合体大悦城，还是脱胎于老厂房的"丝联166"文化创意产业园，都具有浓郁的运河文化韵味。

坐船自拱宸桥沿运河往南，会经过运河沿岸的小河油库。小河油库这座新中国成立后浙江省第一座油库，正在被打造成具有油库元素的特色街区，除了保留7个大小不一的油罐作为油罐与艺术融合的文化体验区外，油库现有的码头也将提升改造，借助游船、水上巴士等商业服务，打造码头滨河景观带。

拱墅全境共有杭州塘、上塘河、中河等遗产河道30多公里，具有浓郁生态底色的每一条水路都是一条山水人文景观带，随处可见运河文化元素。

"先有上塘河，后有大运河。"上塘河是2200多年前秦始皇开凿的"陵水道"，是杭州历史上第一条人工疏通河道。拱墅正在深度挖掘上塘河的历史与文脉，并以AAAA级景区的标准打造。上塘古运河景区改造街区的部分景观节点展露新姿，"如梦上塘"上塘古运河景区沉浸式夜游已经精彩亮相。

打造文化标杆　续写运河文脉

一条大河穿城过，孕育出灿烂的武林文化和运河文脉，深厚的文化底蕴又彰显出拱墅发展的新高度。

拱墅积极谋划大运河国家文化公园拱墅项目群，精心打造杭钢工业遗址片区、上塘古韵寻踪片区、拱宸文旅华彩片区、武林都市繁华片区，着力抓好传统风貌街区保护管理，高水平建设更多运河文化新地标。

桥西的大运河中央公园项目已建成，位于核心区域的运河大剧院建筑面积1.9万平方米，兼具文化展示功能及商业配套，在大运河畔奏响了美妙音符。

总建筑面积18.5万平方米的大运河亚运公园，是杭州主城区最大的新建亚运场馆，除了能容纳7000人的亚运会乒乓球比赛馆、能容纳5000人的亚

远眺运河边的拱墅

西湖文化广场

大运河亚运公园

大运河音乐公园

运会曲棍球比赛场外，还有一流的全民健身中心、亚运广场、人工湖等。亚运会时市民可以欣赏到"玉琮"里乒乓响、"油纸伞"下挥球棒的体育盛宴。

　　大运河国家文化公园（杭州段）示范区的面积 3.5 平方千米，规划建设包括京杭大运河博物院、大运河杭钢工业旧址综保项目在内的十大标杆项目，将实现"工业锈带"向"文化秀带"的转型。京杭大运河博物院定位为文旅融合背景下的体验型博物馆和高品质文旅目的地，总建筑面积约 18 万平方米，将成为杭州市的公共文化客厅和文化地标。

来源百姓，造福人民

　　已连续举办 10 年的半山立夏节每年都会如约而至，送春迎夏、立夏跑山、乌米饭品尝、立夏民俗、非遗花伞集市、大运河节气文化与旅游融合高峰论坛等活动精彩上演。

　　拱墅半山立夏习俗于 2016 年作为"二十四节气"之一被列入人类非物质文化遗产代表作名录、2020 年被列入第五批国家级非物质文化遗产代表性项目名录公示名单，是拱墅唯一一个迈出国门并形成了完整的评定等级链条的非物质文化遗产项目。自 2011 年起，拱墅每年举办半山立夏节活动，且常办常新，集中展现了大运河拱墅段丰富多彩的历史文化资源。

　　新年走大运、半山立夏节、大运河诗路文化旅游节、大运河庙会、大运河·湖墅婚典、诗歌大会……拱墅推动文化设施、文化工程社会效益最大化，把有形的文化场馆、文化遗存、文化景观等文化资源持续不断地融入公共文化服务体系当中，着力打响"走大运"等文化品牌，让老百姓共享运河文化发展成果，让运河文化真正成为老百姓的"心头好"。

未来，拱墅将更好发挥繁华武林的区位禀赋，立足"省级全域旅游示范区、省级大运河文化传承生态保护区"的创建，持续推进一批标志性工程、着力打响一批文化品牌、加快培育一批文旅融合产品。

一大批主打运河文化的演出、美食、街区即将亮相……

运河文化看拱墅。运河畔一年四季繁花似锦、好戏连台，拱墅正在以润物细无声的方式，让大运河这一历史文化符号在新时代焕发出新的风采。

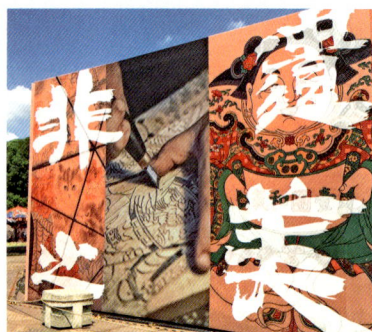

丰富多彩的运河文化活动

灯芯巷里的党建"好声音"

　　位于杭州市主城区的天水街道灯芯巷社区,是新中国社区建设的"活档案、活历史"。早在 20 世纪 70 年代,灯芯巷社区就以"生活一条龙服务"闻名全国。作为全国社区服务的发源地之一,灯芯巷社区先后获得"全国创先争优先进基层组织""全国社区服务先进区"等 120 多项荣誉。

　　这些年来,社区成为人们居住、生活的主要场所,社区居民的构成以及居民对生活的需求都日益多元化。步入新时代,灯芯巷社区党委以"红船精神"为指引,通过社区治理促进城市经济社会发展,满足人民群众日益增长的美好生活需要,创新社区管理模式,构建幸福和谐家园。

灯芯巷党建服务示范街区的"爱心自助流动基金"捐款活动

天水街道女儿家居家养老服务中心

鲍大妈聊天室

    灯芯巷社区结合党建引领社区治理的新形势、新要求，调整基层网格、居民议事组织，形成了"小区党总支—楼宇自治会—小区管家"新三方治理架构。灯芯巷社区组建了 4 个小区党总支，明确党总支的 9 项职能，打造小区党群服务点，完善小区议事制度，加快推进小区党组织实体化运作，通过"党员亮身份""一楼一先锋""六带头"公约及"致小区党员的一封信"等方式，统筹聚集在册、在职、在地的各类党员力量，共同推进社区治理。

    社会组织参与、开展精细服务也是灯芯巷社区的特色。社区持续深化社会组织创新街区建设，先后培育了"女儿家"居家养老服务中心、鲍大妈聊天室、乐龄手工艺社等 30 家民生服务类、公共服务类社会组织，成功打造了 2000 平方米的"社区便民服务一条街"，为居民提供多元化、精细化、品质化的"一站式"服务，成为"居民离不开的社区"。鲍大妈聊天室，自 2006 年 6 月成立以来，已发展至 2 个分部、27 名成员，并从单一的聊天扩展为专项咨询、和谐幸福大课堂等八大服务项目，累计提供聊天等各类服务达 4.7 万人（户）次，引领了精神慈善新风尚，促进了和谐社区建设。

    社区还运用智慧手段，提升治理效能。从 190 便民服务中心的 24 小时半智能半人工的应援服务到"杭州社区智治在线平台"的微脑级智慧化服务，大数据、云计算等技术的成熟使用，各平台数据壁垒的逐步打通，在一名党员一幢楼基础上，一键动员、一键呼叫、亲邻 e 站等场景功能不断完善，"数智"手段不断融入社区社会治理创新中。社区还联合浙江科技学院创新推出"智慧居家养老环境辅助 AAL 系统"。该系统集成了流水传感器、门窗磁传感器、PIR 人体红外传感器、烟雾报警器、SOS 一键呼叫器、智能网关等多项设备，并与街道数字驾驶舱打通，助老员通过数据服务平台可了解老人的居家情况，实现监护老人安全到位、上门服务精准直达。

灯芯巷社区依托武林商圈党建联盟红色阵地，梳理服务需求清单、摸排驻区单位资源清单，实行特色资源、志愿服务等内容项目化管理，整合辖区单位、社会组织等多方力量，用好"三张清单"，开展共建、共治、共享。2021 年以来，社区以党史学习教育为契机，推出"民呼我为 123 三步服务模式"。"1"是听民声，发挥基层议事平台作用，召开基层议事座谈会，广泛收集民意。"2"是谋举措，组织社区乡贤智囊团、居民议事会出谋划策。"3"是领项目，发动辖区党建共建单位、在职党员、社区志愿团队等力量，积极认领项目，实现清单任务条条有回应、件件有落实。

社区是社会治理的基本单元，也是党和政府联系、服务居民群众的"最后一公里"。社区党建是城市党建工作的重要基础。灯芯巷以党建引领社区治理，是城市基层社会治理创新的生动实践，也是杭州基层党建工作中一道亮丽的风景线。

灯芯巷社区邻居节

特色小镇，拔节生长

2014 年，"特色小镇"这一新事物在杭州诞生。它既不是行政区划概念，也不同于产业园区，而是一个以产业为核心，以项目为载体，生产、生活、生态相融合的特定区域。杭州的选择是，围绕互联网、大数据、云计算等产业形态来"做文章"，促进要素集聚和产业融合发展，把特色小镇建成产业小镇、文化小镇和旅游小镇。

经过 8 年多时间的发展，杭州运河两岸已形成了不少特色鲜明、风景优美、产业强大的特色小镇。智慧网谷小镇、运河财富小镇、工业设计小镇和星汇直播小镇已成为区域经济社会创新发展的"领头羊"。

智慧网谷，浙江"中关村"

2018 年，浙江省政府公布了第四批省级特色小镇创建名单，其中拱墅的智慧网谷小镇位列名单榜首，成功创建。

智慧网谷小镇规划面积 3.4 平方千米，核心区 1.8 平方千米。作为浙江省首个以创新型产业用地为主打造的数字经济产业小镇，小镇以数字内容产业为主，按照聚焦重点、差异定位的思路，在小镇核心区块内划分出"人工智能、数字传媒、数字健康、数字生活"等四大产业功能区块，目标是打造浙江版的"中关村"，目前已聚集新浪、360、联想、顺丰、58 同城、招商蛇口、省国贸等行业领军企业入驻。

小镇坚持围绕产业链部署创新链，引进中科院计算所数字经济产业研究院、芯空间集成电路设计孵化器等龙头创新平台。大力布局创新孵化平台，已设有园区与招商创库打造的综合性的"智慧网谷孵化器"，浙大科技园与顺

智慧网谷小镇一角

丰创新中心合作的"智慧物流创新中心"，以及设施先进、设计时尚的"寰图创新中心""首开共享空间"。2020 年，智慧网谷小镇已经集聚了 500 家高新企业，其中年主营业务收入超 10 亿元的重点企业就达 20 家，2020 年小镇实现税收收入 6.83 亿元，规模以上企业营收 128 亿元。未来，这里将新增就业岗位 5 万个，有 5000 余名中、高级人才齐聚小镇，成为杭州大城北开发建设的重要增长极，以及承接国家大运河文化带建设发展战略的核心园区。

运河财富小镇：创造财富运河

千年古运河，穿境而过，奔流不息的河水，让运河南端成了商贾云集之地。

如今，它化身"金融活水"——3.3 平方千米的运河财富小镇，正在成为滋养实体经济的沃土。

自 2016 年 1 月，入选第二批省级特色小镇创建名单以来，随着基础配套的逐步完善，运河财富小镇凭借建设钱塘江金融港湾的契机，发挥着运河历

紧邻运河边的运河财富小镇

史文化景观与现代城市商务空间的双重优势，充分挖掘都市新兴产业发展和居民财富管理的金融服务需求，以打造文创产业基金集聚中心、新型资产交易中心、大众理财服务示范中心三大核心平台为目标，重点发展文创投融资、理财服务、互联网金融三大业态。

小镇非常注重产业的差异化，主打"创意金融"牌，着重引入以私募金融、互联网金融、小微金融等为重点的创新性金融产业，打造非银行类金融企业的集聚区。与此同时，小镇依靠运河的独特地理、文化、景点优势，大力发展运河文化旅游业，实现了金融、旅游、文创产业多轮驱动。

除了聚集一批金融企业，小镇也成了第三方平台的"心头好"，至今已引进浙江省创业风险投资行业协会、绿地全球企业服务平台、上海第一财经、阿里系创投联盟、浙江省新三板协会（筹）5个专业平台。

在产业大项目建设上，英蓝国际金融中心、运河时尚发布中心已经建成投用；在生活配套上，远洋商业商务项目、绿地中央广场全面交付。远洋商业的乐堤港，不仅有可以举办国际冰球比赛标准的3000平方米世纪星冰场，而且还有可享受4DX观影体验的CGV影院旗舰店。小镇还完善镇域导览导视系统，在高速高架下桥口、小镇边界线、主干道、广场等公共区域，都能看到运河财富小镇导览图，小镇范围内也全面覆盖了 Wi-Fi。

目前，运河财富小镇已涵盖远洋商务区、绿地中央广场、万通中心等一批楼宇，已集聚 408 家金融企业，包括 30 余家银证保机构与诺亚、钜派、海银等具有一定知名度的理财服务、财富管理机构。2020 年，运河财富小镇实现税收 10.17 亿元、营业收入 171.31 亿元。

2020 年 12 月，运河财富小镇挂牌全省首家"产业基金服务基地"。小镇紧扣特色小镇从 1.0 向 2.0 蝶变的契机，牵住协同创新的"牛鼻子"，发挥高质量发展动能，成功举办浙江省特色小镇投融资物联网专场对接会、金融服务环保小微企业专场路演等产业活动。未来，作为全省首家"产业基金服务基地"，小镇还将更充分地发挥金融服务平台功能，打造浙江省具有代表性地位的普惠金融发展地、传统金融聚集地、投融资（双创）资金汇集地和金融科技创新示范地。

杭州拱墅运河财富小镇

"武林大妈""拱宸大伯"，公共治理的群众力量

人民安居乐业、社会安定有序、国家长治久安，是发展中国特色社会主义的必然要求，也是广大人民群众对美好生活的向往。党的十九大报告指出，要打造共建、共治、共享的社会治理格局，加快社会治安防控体系建设，而"武林大妈"和"拱宸大伯"模式正是拱墅践行党的十九大精神的重要试验。这一模式充分调动了广大基层群众的积极性，为解决社会治理中的各种问题及时提供线索依据，进而推进共建、共治。

北拱宸，南武林。在拱墅，常年活跃着一支走街串巷、马不停蹄的"红马甲"队伍，无论是退休的老大妈、老大爷，还是二三十岁的年轻人，甚至小朋友和外国友人，他们共同拥有一个亲切的名字——"武林大妈""拱宸大伯"。戴着红帽子、穿着红马甲的"武林大妈""拱宸大伯"已发展成为杭州创新社会治理的一张"金名片"。

他们是谁

"武林大妈"缘起于武林街道。武林街道辖区内"1老1小1新"（老年人、小孩、新市民）数量较多，在社会治理工作中面临资源紧、内容多、要求高的难题，"武林大妈"正是为了解决这一难题应运而生的。

2016年3月，"武林大妈"公益服务中心正式创设。其历经初创、发展、升级和转型四个阶段后，逐步形成了品牌化、常态化、规范化的工作机制。"武林大妈"从最初的杨小君等18人发展到如今拥有5.3万人实名注册的区平安

"武林大妈"

"拱宸大伯"

志愿者队伍。尤其在护航 G20 杭州峰会、抗击新冠肺炎疫情和日常的平安建设、文明建设工作中，"武林大妈"志愿者们都发挥着重要作用。

"大伯，这里怎么走？""大伯，我想要和拱宸桥合影，哪里拍比较好看？"在城市驿站，一群身着红马甲的"最美志愿者"365 天不休息地为游客提供免费服务，他们就是运河附近老百姓熟悉而亲切的"拱宸大伯"。

2018 年 9 月，"运河大妈拱宸大伯"公益志愿者联合会正式成立。这些活跃在运河广场上的身影，一戴上红袖章便化身为群防群治第一线的平安护卫、文明有礼的传播使者。2021 年 9 月，拱墅还组建机关事业单位离退休老干部"银宸顾问团"党小组并创建了杭州市首批"金秋驿站"。

与公益志愿者联合会同时成立的还有联合党支部，下设 4 个党小组，分别是广场舞党小组、地书党小组、戏曲党小组和武林活拳党小组。党组织建在运河广场之后，有了完善的规章制度，对广场舞活动场地、时间、音量等也有了明确规定，不仅不扰民了，还经常能帮助到广场上的游人，"广场舞大妈党建"的特色模式获得了居民点赞。

"大妈大伯有力量！""武林大妈""拱宸大伯"们投身于平安巡防、垃圾分类、文化宣讲、阳光助老、青少年红色教育等工作，每年累计服务时长超过 3.7 万小时。全年约有 1440 余人次志愿者参与运河城市驿站轮值，为往来市民、游客提供服务，实现运河城市驿站"365 天，天天有服务"。同时也不断带动了在职党员、青年与共建单位志愿者的加入。

"武林大妈""拱宸大伯"是工作生活在拱墅这片热土上的普通群众，是老百姓的左邻右舍成工作伙伴，是比"远亲"更亲的"近邻"。他们穿街走巷，为了大家的平安和谐，默默地努力和付出着。

"武林秘籍"是什么

　　"武林大妈"的具体工作可以概括为"5566"，即"五个要""五个零""六大员""六个一"机制——

　　"五个要"：底数要清、情况要明、人头要熟、信息要灵、业务要精；

　　"五个零"：安全防范零发案、矛盾纠纷零激化、网格管理零盲区、入户走访零遗漏、邻里互助零距离；

　　"六大员"：安全巡防员、纠纷调解员、平安宣传员、邻里互助员、文明劝导员、民情收集员；

　　"六个一"："走一走"掌握安全隐患，"看一看"发现邻里纠纷，"认一认"熟悉小区情况，"说一说"强化平安宣传，"做一做"当好社区助手，"帮一帮"拉近邻里感情。

　　近年来，拱墅健全、完善城市基层党建，聚力赋能社区治理工作，逐步构建"党建引领、多方参与、条块协同、四治融合"的社区治理工作格局，进一步发挥党建工作优势，凝聚社区治理的强大合力，激发社区治理的有效活力，真正实现了共建、共治、共享。

"武林大妈""拱宸大伯"已成为杭州创新社会治理的一张"金名片"

G20峰会在杭州举办后,武林街道和各社区就把居民"大妈们"召集在一起,她们戴起平安红袖章,开始在道路、楼道、小区里转悠和宣传,时不时与居民们聊几句。通过选拔的"大妈们"组成志愿者服务团,设团长1名,副团长2名,下辖6个服务小组。街道为每位"大妈"发放平安巡防队员工作指南、信息员安全手册和文明礼仪手册,并配备相关装备,进行专业培训,同时出台《"武林大妈"平安巡防管理制度》《"武林大妈"日常志愿服务行为规范》,后来还向民政系统登记注册了"武林大妈"公益组织,确定了"武林大妈"网络域名、logo等标识。

志愿者服务团成立以来,已出动平安巡防及文明劝导5000多人次,志愿服务时间25000小时,参与排查人口信息10000余户,通过武林街道联动平台上报安全隐患300余个,参与调解纠纷300余起,连续6年参与高考护考。2020年以来,已经开展各类亚运宣传活动10多场,参与人数2000多人次。

如今,"武林大妈"和"拱宸大伯"已经成为活跃在拱墅大街小巷的鲜活身影,他们忙碌在社区治理一线,成了社区治理的"服务器"。这是新时代"枫桥经验"都市版的生动实践,也成为拱墅区创新社区管理、提升群防群治效能的社会治理模式之一。

"武林大妈"亚运志愿服务亭

老旧小区改造的"拱墅样本"

民生，永远是城市发展最为重要的命题。

加快改造城镇老旧小区，顺应群众改善居住条件的期盼，是中央确定的一项重大民生工程和发展工程。

拱墅曾是杭州工业企业较为集中的区域，2000 年以前建成的小区有 100 多个，这些小区普遍存在房屋设施老化、配套落后、环境脏乱等问题。拱墅以"最多跑一次""一次改造、十年管用"为目标，对老旧小区进行综合改造提升。如今已在老旧小区改造上垂范杭州，许多创新做法正为推进国家治理体系和治理能力现代化提供"杭州方案"。

改造后的和睦街道和睦社区

大关德胜"旧改红盟荟"

党建引领"旧改"三步法

　　老旧小区综合改造提升，是重要的民生工程和民心工程。拱墅在推进老旧小区综合改造提升中，以党建为引领，推行"支部建在旧改项目上"，牵头组建"旧改办"临时党支部，利用"旧改红盟荟"平台，深入推动红色"旧改"工作，不断探索新经验、形成新成果——党建引领拱墅"旧改"三步法，将党建融入"旧改"全过程：改造前，全面把好标准引领、方案审查、民主决策"三关"，以党建聚合力；改造中，全程督促质量、安全、进度"三项"，以党建添动力；改造后，全力统筹居委会、物业、业委会"三方"，以党建增活力。在2020年浙江省城镇老旧小区改造综合考评中，拱墅荣获第一名。

　　2019年至2022年，拱墅总计划改造提升老旧小区225个，惠及居民9.19万户，占全域老旧小区居民的63.2%。拱墅老旧小区改造启动速度、改造规模、改造成效全省领先，涌现出大关街道德胜新村，和睦街道和睦新村，潮鸣街道小天竺、知足弄社区等一批党建引领示范单位。中组部、住建部全国培训班上还针对拱墅的老旧小区改造提升经验进行专题交流并获住建部推广。

用"三上三下"寻找民意的"最大公约数"

　　和睦新村的"旧改"在杭州不仅出名，更出色、出圈。正是由于在规划改造提升时下足了功夫，探索出了一个以居民为中心的"共建"模式，才能聚集多方精锐力量，满足居民最迫切的需求。

　　和睦新村旧改方案的征求意见稿，用老百姓的话来说，就是在居民的脑袋里"翻滚"了三次：第一次，始于民意，掌握问题，形成项目清单；第二次，源于民意，政府护航，委托设计单位编制正式改造方案；第三次，再征民意，由区住建局牵头区城管局、区民政局等单位进行方案联审。

　　整个建设过程以居民为中心，集合了政府机关、专业机构等多方力量，按照"先地下后地上""先里面后外面""先雪中送炭后锦上添花"的"三

"旧改"，全力打造幸福街区，满足人民对美好生活的向往

先三后"原则，实施"必改 24 项 + 提升 12 项"改造，努力达到"五好五不"目标，确保实现"一改管十年"的目标。如今，"和睦经验"已经成为拱墅旧改的标准选项，进而推广至整个杭州，并走出浙江，在新疆阿克苏成功再版。

除了"三上三下"，拱墅不少街道还自由发挥，建立了"百姓圆桌会""网格顾问团""民间监理员""自管小组"等民主参与机制，找到了居民意见的"最大公约数"。

居民意见被重视了，积极性也上来了。叶青苑老旧小区改造中，一队退休阿姨充当项目宣传员、志愿引导员、加梯工作联系员、纠纷协调员，将居民的意见直接反馈给施工方、设计方，提高了效率。目前，拱墅共成立旧改志愿服务小组 61 个、成员 243 人，覆盖老旧小区项目 87 个，真正做到了"群众的事和群众商量着办"。

共建、共治，改到百姓心坎上

如果说"共建"是为老旧小区改造添底色、绘蓝图，那么和居民生活密切相关的就是小区的长效治理模式：共治。它不仅保障了小区改造完成后居民能再"回头看"，也成了"旧改"中与居民满意度关系最密切的一条准绳。

湖墅街道贾家弄新村始建于 20 世纪 70 年代，在时代的更迭中，房屋外立面渗漏情况普遍、外墙管线杂乱、私搭乱建情况严重、户外休闲空间缺乏等问题日益显现。扎实推进居民共建后，如今的贾家弄新村已尽是平整的沥青小路，墙面也被粉刷一新，安防系统更是一应俱全。

贾家弄新村的一招一式都颇显章法，走出了一条"居民自治"与"改造提升"双同步、多元化的管理模式。

2020 年 10 月，专业物业公司正式入驻贾家弄新村，结束了小区长达 20 年的街道准物业管理模式。同时，湖墅街道通过落地小区微治理，发挥小区指导员、专员、自管会效能，探索出了一套老旧小区标准化、常态化管理方案。未来湖墅街道将通过推动业主自治、建立健全物业管理等，创新"纵向到底、横向到边、协商共治"的治理体系，建立社区居委会、小区自管会、物业三方联动机制，引导小区实行专业物业公司管理服务、菜单式物业专项服务以及居民公益岗位自治服务等多种形式的老旧小区物业管理模式，完成从"靠社区管"到"自治共管"的转变，解决改造后的管理难题。同时，坚持"政府主导，市场运作，多元筹资"的思路，有序引导社会资本参与，广泛动员全体居民和社会各界参与城市管理，形成齐抓共管的整体合力。

如今，建管同步、长效管理，已成为拱墅推行老旧小区"共治"的指引。拱墅先后出台《拱墅区老旧小区综合改造提升后续长效管理指导意见》《拱墅区老旧小区居民自管委员会管理办法》，在全国首创居委会、物业、业委会三方协同治理机制，区、街道、社区三级"三方办"实体化运作。通过街道指导小区成立居民自管组织、引进专业物业的方式加强对小区的管理，实现改后小区物业管理全覆盖，推动老旧小区事务"有人管"，后续维护"有钱用"，构建了有拱墅特色的老旧小区治理模式。

如今，改造后的小河佳苑居民缴纳物业管理费的比例从60%提高到了90%，实现了长效管理与物业经营的双赢。加装电梯累计完成152台，渡驾新村成功推进全市首个整村"旧改+加梯"项目，打造"美而乐"老旧小区，为基层综合治理良性发展打下了群众基础。

居民的共治与互助，让"旧改"更有温度，也让基层治理焕发了新活力。

八丈井新村加装电梯后的楼房外立面　　叶青苑："米"式服务新型养老　"旧改"全程共同缔造

打造老旧社区改造"综合体"

2020年，拱墅在老旧小区改造工作中交上的是一份近乎满分的成绩单：新增停车位528个，加装电梯26台；新增公共服务场地约0.83万平方米；改造管线29.6万米，绿化提升102万平方米，新铺道路82.6万平方米，实施污水零直排小区70个；改造弱电75沟公里、290孔公里，惠及居民4.6万户，引进专业物管小区44个……

如何让这些数字变成实实在在的感受，变成挂在居民脸上的笑容？拱墅给出的答案是不断丰实老旧小区功能，让居民能在这片老旧小区版"城市综合体"内"共享"更多生活场景。

结合杭州"海绵城市"建设，大关街道德胜新村内的德胜公园已被打造成雨水花园，改造后设置了满足居民不同需求的老人健身区、儿童活动区、青年活动区、综合活动区等。

2020年，拱墅区制定了"阳光小伢儿"婴幼儿照护服务三年行动计划。第一所"阳光小伢儿"托育中心就在和睦新村。以"幼有所托"为主题，中心设有小剧场、婴幼儿托管、老幼共享教室等设施。建设完成后，华媒维翰幼儿园携带师资力量入驻，进行日常运营。同时，托育中心全部安装监控系统，并接入城市大脑拱墅平台，充分调动街道网格员、志愿者参与到安全监督中来。

在居家养老服务领域，拱墅区的"阳光老人家"品牌推行已有四年。"阳光老人家"其实是一个系统，包括在社区建设老年客厅、健养中心等，打造社区养老专员等4支队伍，并推出多种特色服务，打造15分钟居家养老服务圈。同时公开聘选酒店来运营全市首家街道级中央厨房，引入19家优质品牌组织，参与站点设计、建设、服务，推进站点100%社会化运营。

除了在社区里实打实建造的这些公共服务区，拱墅通过数字赋能，积极开拓网络空间，进一步提升社区服务能级，推行"共享"更深入、更全面落地。拿"阳光老人家"来说，通过推出"阳光大管家"平台，全区6.1万名70周岁以上的孤寡、独居、空巢及高龄老年人可以享受到三大类13项服务，目前平台已累计提供主动关怀服务32.07万次、基础性生活服务10.03万次、紧急救助服务41次。通过上线"拱墅版"市民卡App养老服务，实现养老服务一卡全域通用，17 家为老服务商及 2 家助餐服务企业已为 4157 位享受政府购买服务的老年人提供服务。

美而智、优而全，越来越多的拱墅居民开始过上了有品质的生活。2020 年，拱墅实施项目共惠及老旧小区 131 个、1800 幢居民楼、8.1 万住户，总改造面积 585 万平方米，占全市总量的 43.7%，总投资约 22 亿元。

打造精品，提炼经验，未来拱墅将进一步加大推进改造力度，发展好这项惠及百姓的民生工程，让拱墅人过上更加美好的生活。

勤丰小区：三方协同居民管理　共建共享美好家园

德胜新村：24 个基础项、12 个提升项改造，建成精品样板小区

贡院社区入选 2021 "旧改看'浙'里"城镇老旧小区改造实践典范案例

未来已来

——从城中村到未来社区

城中村是什么样子？在大多数人的印象里，它有狭窄泥泞的街道、拥挤不堪的"握手楼"、密密麻麻的电线、随处可见的垃圾堆，人口流动大、管理难度高。

城中村是我国城市化进程中的特殊产物，具有复杂的历史背景和社会经济根源。城中村在土地规划、经济建设、社会管理、居民生活方式等方面与周边区域存在诸多深层次的差异，是具有城市与农村双重特征的"混合社区"。

拱墅瓜山，也曾是一个较为典型的城中村，低矮的民居与周围林立的高楼形成了鲜明对比，显现出城市发展过程中一个阶段的缩影。

2018 年以后，一个未来社区的构想开始在瓜山逐步变为现实。作为杭州首个建成投用的数字化未来社区，瓜山未来社区在保留原有房屋结构的基础上，把村落风貌与城市空间相融合，用不到一年的时间，打造成了一座迸发着青春活力的"青年社区"。

社区，不仅是城市的基本功能单元，更是城市文化融合、市民凝聚力和幸福感提升的重要场所。随着新一轮科技革命和产业变革的深入，社区也亟须进行功能转型，逐步转变成更具人文关怀、智慧、低碳、共享的美好家园。建设未来社区，就是要寻找一条"新路"。这条"新路"是"让人民生活更美好、城市现代化"的最基本单元，是打好高质量发展组合拳的重要一招，是基层治理体系和治理能力的一场深刻革命，更是传承、发展特色文化的重要载体。

未来社区建设是由政府牵头、企业运营，探索出的基层新型社区综合治理新路子。

2019 年，"未来社区"被正式写入浙江省政府工作报告。作为浙江省首

曾经大城北的城中村

瓜山未来社区

未来社区，已成为具有人文关怀、智慧、低碳、共享的美好家园

未来社区倾力打造"安心生活港湾"

批 24 个未来社区试点之一，瓜山未来社区是唯一一个保留原建筑进行改造翻新的项目，也是浙江省首个落地运营的未来社区试点项目。

以建设新型社区为目标，全面提高城市社区工作水平是未来社区建设的出发点。杭州的未来社区建设，正通过项目带动，以理念更新和技术创新持续推动产业与生活，让城市的功能单元释放出独特魅力。

来到瓜山未来社区，不难发现，小区的各个入口都呈开放状，但再往里走就可以看到每个组团又是相对封闭的。开放的组团内，邻里共享区域、个性特色组团、15 分钟生活圈、智慧科技场景广泛应用，为在杭州发展的青年人才提供住所。

社区还开发并推广使用了首个未来社区 App——瓜山未来社区 App。该 App 实现了资讯活动、政策查询、在线报修、预约保洁等基本生活服务功能全覆盖。

如今的瓜山未来社区，不仅仅是年轻人扎堆居住的地方，更是他们创业创新的基地。

自 2019 年 10 月运营以来，已引进柒号主场等特色商业、企业 100 余家，打造了近 2 万平方米的青年人才创业创新基地、融媒体创意园。除了 MAO Livehouse，曹操出行杭州运营中心、滴滴出行杭州城北服务中心、新视听学院杭州教育培训中心以及润上·青年奥特莱斯等一批项目相继落户瓜山未来社区，涵盖文化娱乐、智能出行、新零售等前沿领域。

社区作为城市的基本单元，是否会变成一个更加充满人文关怀、智慧、低碳、共享、共建的地方呢？以人为本，正是未来社区建设的初心。作为老旧小区和城中村改造的高级形态，杭州未来社区建设与老旧小区改造紧密结合，不仅留存住了社区原有文化肌理和历史记忆，而且融合了社区里硬性设施标准与社会治理服务，更致力于营造一个有获得感、幸福感、安全感的美好家园。

到 2035 年底，杭州全域未来社区基本建成，将成为展现高质量发展，建设共同富裕示范区的"重要窗口"。"记得住过去，看得见未来"的新社区形态正向我们走来，彰显地方特色的未来社区即将百花齐放、连点成片。

社区迭代，未来已来。

楼宇、商圈的"红色天际线"

在杭州城市化和国际化进程的时代背景下，以商务楼、功能性板块和区域性设施为主要载体的楼宇经济风生水起，由此也带动了周边产业的发展，形成了共同的商圈。这一新型经济形态在助推地区经济发展的同时，也衍生了一种新型的基层群落——被称为城市中的"垂直社区"或"竖起来的社区"——楼宇社区。

而在楼宇社区开展党建，全国没有先例。2001 年，拱墅率先在楼宇社区启动党建工作，借鉴社区建设的理念和经验，依托集聚在一定区域范围内的商务楼宇，成立楼宇社区党委，重点面向楼宇社区中的中小微企业等两新组织以及这些组织中的党员、群众开展各种基层党建工作。楼宇社区党建是楼宇经济发展的必然产物，是"支部建在连上"的继承和发展，也是新形势下城市基层党建的创新实践。

坤和中心：中国第一楼宇社区党建的样板

2011 年以来，基于辖区商务楼宇多、楼宇社区党建相对薄弱的实际，拱墅遵循"有群众的地方就有党的工作，有党员的地方就有党的组织，有党组织的地方就有正常的组织生活和坚强的战斗力"的基层党建逻辑，借鉴丰富和先进的居民社区党建工作经验，大力推进楼宇社区党建工作，取得了显著成就，实现了楼宇社区党的组织和工作全覆盖，实现了楼宇社区党建的嵌入式发展和融入式发展，实现了党建强、发展强。

2009 年，天水街道在全国率先提出"楼宇社区"的概念，并成立了全省首个楼宇综合服务中心，同时首个楼宇服务标准也在天水街道诞生。2011 年，

坤和中心外景

天水街道又率先建立了楼宇社区党委，开启了楼宇社区党建的新征程。

坤和楼宇社区是天水街道辖区内唯一的以单幢建筑体——坤和中心为地理依托的楼宇社区。2011 年天水街道初创楼宇社区时，坤和楼宇社区拥有新经济和新社会组织 28 家，从业人员 2000 余人。2011 年 9 月，楼宇社区党委成立，下设 18 个党组织，其中直属党组织 5 个、双重管理党组织 11 个、社团党组织 2 个，管理党员 700 余名。也是在这一年，天水街道坤和中心楼宇社区综合服务中心建成，每周由街道派驻专职工作者定点、定时开放服务窗口，为企业及楼宇员工提供经济服务、民生保障、城市管理、综合治理、党群建设等"五进楼宇"服务。2012 年下半年，以创建"中国第一楼宇社区"为目标，街道党工委选派 3 名楼宇社区专职工作者进驻，在坤和中心 36 楼打造了天水街道楼宇社区集中展示中心和活动基地，即坤和楼宇社区服务中心。中心集服务、会务、商务功能于一体，拥有"魔镜"、数码大屏、电子书、照片墙等现代化展示和活动设备，配置白领书架、时尚沙发、自助咖啡机等文化休闲设施及"中国第一楼宇社区"识别系统，建成了"沟通零距离、

坤和中心固定主题党日开展直播党课

坤和楼宇团委举办青年联谊活动

坤和楼宇微公益联合物业举办"共享书香　绿色办公"活动

服务品质化、保障全方位"的楼宇"八小时之家"。

目前，坤和楼宇社区下辖 6 幢楼宇，拥有新经济和新社会组织 222 家，从业人员 9600 余人。入驻的企业中有世界 500 强企业 7 家、集团总部 3 家，涵盖了金融服务、文创传媒、信息软件、现代商贸、中介服务等新兴产业，成了典型的新经济、新业态领域集聚区。

在楼宇社区的组织建设和工作机制上，坤和楼宇社区党委实行以党建为中心、以服务楼宇党员为宗旨、联动共建的形式。党委在坤和中心内共设 2 个服务点，一个设在 2 楼，主要负责在企业入驻前期，对企业及其员工的情况、党组织党员的情况进行登记，并提供工商税务登记、装修租房等方面的联系服务。另外一个服务点设在 36 楼，是楼宇社区的党群服务中心，占地 400 多平方米，主要工作是开展党群建设、经济服务等"五进楼宇"服务；除此之外，楼宇党员组织关系接转以及一些大型的党员活动、社团活动等也在这里举办。

在组织体系上，坤和楼宇社区党委遵循"抓大带小、抓内带外、抓静带动"原则；在工作机制上，实行"三位一体"的模式，即党委领导，楼宇社区综

中国第一楼宇社区

合服务中心、楼宇社区党群议事会共同推进楼宇事务；在力量整合上，实行"双社交叉"的模式，即楼宇社区党委和居民社区党委交叉任职；在工作平台上，采取"虚实结合"的模式，即线上和线下学习教育同步。

针对楼宇社区青年多的特点，坤和楼宇社区党委在楼宇社区探索出以共同的兴趣爱好为纽带的组织模式，增强党组织的凝聚力。根据楼宇企业总部多、规模小等特点，建立社团党支部，解决联合支部过大难管的问题。推行"支部＋社团"的活动模式，将社团活动作为党组织活动的补充，经常性组织符合楼宇青年群体特点的活动，拉近不同企业楼宇青年间的心理距离，使楼宇社区有了温度，进一步强化了楼宇社区党建在凝聚青年、引领思想上的作用。

党建再群建，才能合力强基层，坤和楼宇社区党委先后成立了楼宇社区工会、楼宇社区团总支、楼宇社区妇委会、楼宇企业"青联会"等群团组织。通过党群组织共建、阵地共享、活动共联，真正实现"党建引领群建，群建助力党建"；通过组织符合楼宇青年需求的活动，形成楼宇文化，凝聚楼宇"正能量"。

楼宇社区党建：党建汇聚基层凝聚力

除了坤和中心，拱墅根据楼宇社区的设置情况，按照"楼宇社区建党委、楼宇企业建支部"的原则，在每一个楼宇社区都成立了党委。而在入驻楼宇社区的非公企业等"两新"组织层面，做到楼宇社区内有3名以上正式党员的都按规定单独建立党的基层组织；正式党员不足3名或暂不具备单独建支部的，则通过联合、派驻等方式建立党的基层组织，归口楼宇社区党委统一领导，从而构建起以楼宇社区党委为核心、楼宇企业党组织为堡垒的"一核多堡"的组织体系。如今，拱墅共有19个楼宇社区，建立楼宇社区党委19个，覆盖非公企业等"两新"组织4200余家，管理党员1万余名。

在成立楼宇社区党委的同时，拱墅建立了由社区党委书记或副书记担任负责人的楼宇社区党群服务中心，成立了由社区党委书记或副书记担任会长的楼宇社区党群议事会。其中，楼宇社区党群服务中心实行的是"一楼

疫情防控期间全面开展"走亲连心三服务、企企铺铺见党员"行动

楼宇社区党委召集物业和企业举行云会议，分享抗疫经验，线上解决问题

楼宇妇联组织午间 DIY 沙龙

六员八人"制,即楼宇指导员(街道干部)、安商员(街道安商稳商人员)、管理员(物管)、安全员(片警)、办事员(税务、工商等)、联络员(社区干部),面向所有"两新"组织提供包括组织关系迁转、党员教育培训、员工招聘、就业培训、困难职工帮扶、项目申报、大学生就业落户以及各类政策咨询、部分证书办理和项目初审等多个方面的公共服务。楼宇社区党群议事会的成员则涵盖了楼宇物业公司和楼宇重要非公企业等"两新"党组织的负责人,具有广泛性和民主性的特征,是楼宇社区协商共治的主要组织平台。通过经常性的服务和广泛的利益表达这样的工作机制,楼宇社区党委不仅将企业找服务变为为企业上门送服务,而且降低了交易成本和企业运营成本,使得楼宇社区党委有效地实现了对楼宇社区内各个组织的引领,真正地走进了广大楼宇党员心中。

拱墅采取了楼宇社区书记和居民社区书记互相交叉任职的创新做法,更好地实现双方党建资源的充分整合。新冠肺炎疫情暴发初期,天水街道坤和、延安楼宇社区依托武林商圈党建联盟就立即共同招募社区值岗志愿者566名,为居民提供800个共享车位和50000余件防疫物资。

"党团协同"是拱墅在楼宇党建中探索的独特模式:以党组织为领导核心和"靠山",以楼宇社团为组织依托和"帮手",协同开展各种组织活动。坤和楼宇社区党委就培育了"公羊会""乐创会""微公益"等多个社团组织,凝聚了438名白领青年,其中党员100多名,积极开展邀请名家讲课、图书漂流、微心愿认领、年轻人派对、垃圾清扫、向小学捐赠钢琴等丰富多彩且健康有益的活动。环球中心楼宇社区党委培育了"i公益、i摄影、i电影、i运动、i唱歌"5支以党员为负责人或骨干的楼宇社团,积极开展爬楼梯健身赛、广场趣味运动会、拔河、相亲交友、户外拓展等符合年轻人口味又有正能量的活动。而江南楼宇社区则有体育社团、书画社团、文艺社团、文学社团、摄影社团、车友社团、环保社团7个楼宇社团,不定时组织开展演讲比赛、祭扫革命先烈、结对帮扶困难党员、白领相亲等多项有益活动。

这些活动不仅丰富了广大楼宇党员的学习形式和业余生活,而且增强了楼宇党组织对楼宇党员的凝聚力和对楼宇白领的影响力,实现了楼宇党委、楼宇企业和党员的多方共赢。

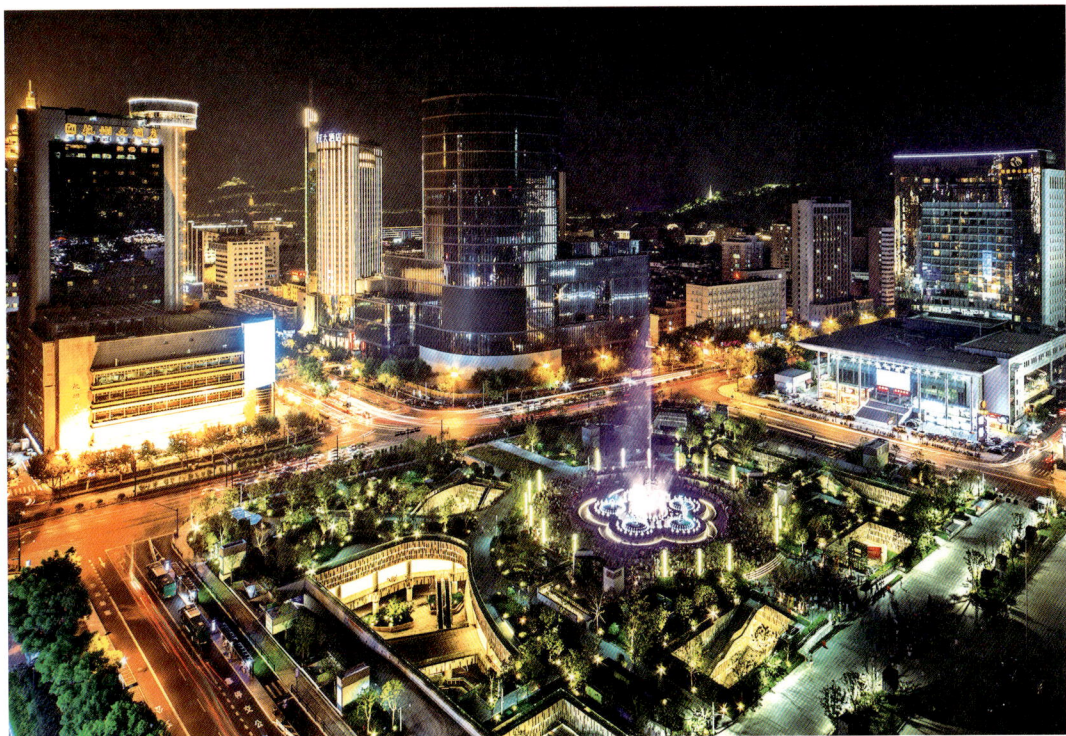

武林商圈灯光璀璨

商圈党建："独角戏"变"大合唱"

1982年，随着改革开放的浪潮，杭州第一个个体户地摊市场"红太阳地摊儿"在浙江展览馆旁开张，一时间武林广场人头攒动，摩肩接踵，"练摊赚钱"迸发出时代的张力，孕育着巨大的商机。随后延安路和体育场路的"丁"字形路口便成了"黄金宝地"，各大商家竞相登陆。1988年，有"杭州第一高楼"之称的14层楼高的国际大厦率先竖起。几年间，杭州大厦、杭州百货大楼、银泰百货、雷迪森大酒店、民航大楼、新杭州剧院、浙江大酒店及移动通信大楼、省科技大楼、标力大厦、坤和中心、西湖文化广场等10多幢标志性的商务文化大楼、大厦如雨后春笋般，围绕此"丁"字路口拔地而起，迅猛聚集成了杭城繁华时尚之地，一个紧随城市化、工业化和现代化的商贸新天地——"武林商圈"就此形成。

武林商圈，作为杭州改革开放和城市形象的窗口，40多年来的发展令人瞩目。商贸活则经济活，实体兴则产业兴。把商圈区域内的各类实体联合起来，能充分整合区域内资源，不断提升商圈治理水平，有效推进武林商圈未来的新发展。然而，在实际工作中，人员集中难、信息交流难、活动开展难等问题，不同程度地制约着商圈的发展。

2018年5月，天水街道和浙江省商务厅共同发动辖区内各单位党组织，组建成立了"武林商圈党建联盟"。由此打破各自为政、条块分割的制度壁垒，以"共建、共商、共享"的运行机制，逐步建立了上下联动、横向互动的区域化党建组织体系。成立以来，已引领凝聚173家联盟单位、1125个基层党组织，1.5万余名党员同频共振、同向发力，在城市发展治理中激发出区域化党建共建的强大动力。

作为联盟的"轴心"，天水街道党工委通过选"盟主"、签协议、办活动等形式，系牢"红色纽带"，发展联盟队伍，选任头雁式的轮值主席来扩大影响力。浙江省商务厅以身作则，每月首个周六风雨无阻地组织机关党员干部到街道的7个社区做1小时的"红色义工"，引领了40余家成员单位共同参与。与此同时，街道党工委与党建联盟单位党组织逐一签订党建融合共建协议，明晰"需求、资源、项目"3张清单内容。例如，街道党工委牵头举

党建联盟单位开展捐衣活动

党建联盟单位进社区开展"学雷锋日"志愿服务活动

办联盟运动会、开放式互动党课等大型活动，组织联盟成员参观灯芯巷、"女儿家"、坤和楼宇社区，促进相互融合。在此基础上，还动员了48家党建联盟成员单位自行不定期地举办诸如"垃圾分类进楼宇""科技体验日""马甲线塑成"等契合联盟单位和白领党员需求的小型活动83场，共有1.6万余人次参加，实现了联盟单位从"我参与"到"我来办"的转变，成功激发了"盟友"们的主人翁意识。

结合武林商圈景观提升等重大项目的推进，街道党工委向联盟单位"派单"，在党建联盟年会上，向浙江展览馆、中国建设银行杭州分行、浙江大酒店等10家单位派发了"武林商圈景观提升项目"的责任书，号召联盟成员单位一起打造核心商圈亮丽的风景线。"一对一"精准地向成员单位派发责任清单，明确各单位项目承接负责人、对接联络人、项目责任和完成时限。还与联盟单位一起拟定了《联盟章程》，并通过党建引领推项目、抓工作、办活动，带动联盟单位一起参与到武林商圈的建设发展中来。在城市文明指数测评迎检工作中，杭州大厦、浙江大酒店等16家单位做到文明示范；垃圾分类工作中树立起国大集团、市教育局、长寿桥小学等6家典型单位，让它们带头，形成"以点带面"的示范推广效应。长寿桥小学还组织少先队员编排了京剧、录制了视频，积极参与到重点工作的推进中来。联盟还设置项目"招募台"，将联盟重大活动分割成项目，向各成员单位发布，由联盟单位自愿认领。党建联盟第一届运动会就分为羽毛球、乒乓球、篮球和毅行4个小项目，分别由中国联通杭州市分公司、南京银行杭州分行、宁波银行

台风"烟花"来袭，武林商圈党建联盟单位闻"汛"而动，为避灾安置点的项目工地工人创造温馨的避灾环境，筑起坚强的"红色堡垒"

杭州分行和中国电信杭州分公司认领，仅羽毛球比赛就吸引了15支队伍、120多名党员职工参加，实现了办活动从"上门化缘自己办"到"发布项目一起办"的转变。

天水街道更把联盟成员单位细分为"物理类、资本类、专业类"三大类，集中优质资源进行整合，让联盟单位和辖区内的居民共享资源。针对辖区寸土寸金的实际，通过线下对接、网络预约或定时开放等多种方式，实现辖区内3万余平方米的场馆等资源共享：浙江展览馆连续两年无偿承办了商圈的"七一"活动；农行浙江分行承担了"红色图影"大型活动；浙江游泳馆为商圈运动会无偿提供羽毛球和乒乓球场地；国大城市广场在500平方米的室外大屏上宣传联盟活动；天水小学、警察协会等成员单位还与街道党群服务中心一起举办活动。

在推动商圈发展的同时，联盟也鼓励成员单位履行社会责任。联盟开展的"爱链杭黔"暖冬扶贫行动，收到成员单位捐赠的衣物、学习用品共计2926件，折合人民币17.9万元。联盟单位结合党日、节庆日开展"微心愿"认领、献血等活动。2020年，浙江展览馆牵头捐赠了5幅著名画家创作的美术作品进行义卖，得到了元通汽车、银泰集团、铭成装饰、杭州银行、万寿亭农贸市场等5家联盟成员单位的积极响应，共筹集善款21万元，作为扶贫资金用于贵州省黎平县的扶持项目。2020年，疫情防控期间，联盟先后发动"红色义工"2765人次增援社区，提供防疫用品5万余件、共享

浙江省商务厅党员志愿者活动

红色义工参与社区义务劳动

车位 800 余个；而在复工复产期间，武林商圈党建联盟成功举办"云购武林"消费嘉年华，属地的各单位在老百姓中进行了广泛宣传，杭州大厦、武林银泰、国大城市广场、嘉里中心等四大综合体 23 天时间里销售额逾 16.1 亿元，打响全省"浙里来消费——万企联动促万亿消费"第一炮，让企业渡过了难关，让群众得到了实惠。

商圈党建联盟这些年形成的"红色纽带""红色力量""红色基因"，使各部门、各企业通过互联互动、共建共享，增强了基层党组织建设的凝聚力，并主动参与到基层社会治理和服务之中，也使分散在各处的人员力量、优势资源有效整合，实现组织共建、资源共享、信息互通、优势互补，显现出区域化党建共建新模式的良好成效。

人民城市人民建、人民城市为人民。楼宇党建、商圈党建，为基层赋能，让隶属不同系统、掌握不同资源的党组织成为联系紧密的党建共同体，使城市更健康、更安全、更宜居，让群众在城市中生活得更方便、更舒心、更美好！

"唱支山歌给党听"快闪活动暨杭州市学习强国两周年纪念活动在武林广场举行，献礼建党百年

参考文献

[1]　安蓉泉 . 中共杭州历史九十年 [M]. 杭州：杭州出版社，2011.

[2]　蔡卫平 . 中共杭州历史大事记 [M]. 北京：中国档案出版社，2001.

[3]　高宁 . 百年名校——杭州高级中学 [M]. 杭州：浙江教育出版社，2006.

[4]　拱墅区档案局 . 拱宸桥杂记 [M]. 杭州：浙江摄影出版社，2015.

[5]　拱墅区档案局 . 运河南端忆盛业续编——拱墅地区的工业辉煌 [M]. 杭州：浙江摄影出版社，
2016.

[6]　拱墅区委党史研究室（地方志办公室），拱墅区档案局 . 拱墅工业史 [M]. 杭州：浙江摄影
出版社，2017.

[7]　韩宝平 . 如歌岁月二十年：1990—2010 拱墅 20 年发展侧记 [M]. 北京：研究出版社，2010.

[8]　杭州市教育委员会 . 杭州教育志 [M]. 杭州：浙江教育出版社，1994.

[9]　黄仁柯 . 陆军监狱 [M]. 北京：中共中央党校出版社，1993.

[10]　蒋明. 大气行天下：杭州制氧集团有限公司六十年发展史 [M]. 杭州：杭州出版社，2010.

[11]　郎健华，应雪林，万光政. 杭州党史百年经典故事 [M]. 杭州：杭州出版社，2021.

[12]　郎健华. 东方欲晓天将明——网络作家杭州党史故事集 [M]. 北京：红旗出版社，2018.

[13]　李新，陈铁健，李义彬，等. 伟大的开端 [M]. 上海：上海人民出版社，2001.

[14]　李颖. 文献中的百年党史 [M]. 北京：学林出版社，2020.

[15]　欧阳淞. 中国共产党人的故事（第一辑）永不叛党卷 [M]. 北京：中国方正出版社，2017.

[16] 潘家玮. 杭州 70 年（1949—2019）[M]. 杭州：杭州出版社，2019.

[17] 人民出版社，中共党史出版社. 中国共产党简史 [M]. 北京：人民出版社，中共党史出版，2021.

[18] 邵胜. 杭州市地名志 [M]. 杭州：杭州出版社，2013.

[19] 许明. 运河南端抗战往事 [M]. 杭州：杭州出版社，2015.

[20] 佚名. 运河南端工业潮 [M]. 杭州：浙江人民出版社，2015.

[21] 佚名. 运河南端忆盛业 [M]. 杭州：杭州出版社，2014.

[22] 浙江省总工会. 浙江工人运动史 [M]. 杭州：浙江人民出版社，1988.

[23] 浙江省总工会. 建国以来浙江工人运动史丛书（1949—1990）[M]. 北京：中国广播电视出版社，1992.

[24] 政协杭州市拱墅区委员会. 拱墅区运河南端工业图史 [M]. 杭州：杭州出版社，2018.

[25] 中共杭州市半山区组织部，杭州市半山区档案馆. 中国共产党浙江省杭州市半山区组织史资料（1949.5—1990.5）[M]. 北京：中国人事出版社，1992.

[26] 中共杭州市拱墅区委员会，杭州市拱墅区人民政府. 杭州市拱墅区党政大事记（1949—2005）[M]. 北京：中共党史出版社，2007.

[27] 中共杭州市委党史研究室. 中国共产党杭州历史（1921—1949）[M]. 北京：中共党史出版社，2012.

[28] 中共杭州市委党史研究室. 改革之光：杭州市改革开放新时期党史专题集（1）[M]. 北京：中共党史出版社，2007.

[29] 中共杭州市委党史研究室. 中共杭州历史要览 [M]. 杭州：杭州出版社，2011.

[30] 中共杭州市委党史研究室. 中国共产党杭州简史（1921—2021）[M]. 杭州：浙江人民出版社，2021.

[31] 中共浙江省杭州市拱墅区委. 中国共产党浙江省杭州市拱墅区组织史资料 [M]. 北京：中国

人事出版社，1992.

［32］中共浙江省委党校. 红色基因——浙江早期共产党人的初心 [M]. 北京：党建读物出版社，
     2019.

［33］中国杭州市委党史研究室. 杭州党史人物（新民主主义革命时期）[M]. 北京：中国档案
     出版社，1998.

［34］竺士性. 匹夫虽微　兴亡有责——竺梅先传 [M]. 宁波：宁波出版社，2018.

［35］中共浙江省委党史和文献研究室. 浙江工业化的起步 [M]. 北京：中共党史出版社，2020.

［36］中共浙江省委党史研究室. 日军侵略浙江罪行史 [M]. 杭州：浙江人民出版社，2015.

本书图片的拍摄者及提供单位：

章胜贤、余文华、经哲、王戈、徐晨倩、孙雨龙

天水街道、武林街道、长庆街道、文晖街道、拱宸桥街道、拱墅区委宣传部、
上城区委党史研究室

杭州高级中学、浙江展览馆、杭州钢铁集团有限公司、杭州锅炉集团股份有限公司、
杭州旅游投资发展有限公司

浙江建华集团有限公司、浙江和平工贸集团有限公司、杭州王星记扇业有限公司

后 记

2021 年，中国共产党迎来百年华诞。在波澜壮阔的百年奋进路上，杭州人民在中国共产党的正确领导下，进行了新民主主义革命、社会主义建设、改革开放和现代化事业的伟大实践，把一个贫穷落后、饱受困苦的旧杭州，建设成为一个经济发达、文明富裕、美丽和谐的社会主义新天堂。杭州人民创造了辉煌壮丽的历史，谱写了感人至深的生动故事。

党史和文献工作是党的事业的重要组成部分，在党和国家工作大局中具有不可替代的重要地位和作用，2021 年 7 月 1 日，习近平总书记在庆祝中国共产党成立 100 周年大会上强调："初心易得，始终难守。以史为鉴，可以知兴替。我们要用历史映照现实、远观未来，从中国共产党的百年奋斗中看清楚过去我们为什么能够成功、弄明白未来我们怎样才能继续成功，从而在新的征程上更加坚定、更加自觉地牢记初心使命、开创美好未来。"全面回顾杭州的红色历史，可以使我们牢记初心使命，不断从党史中汲取精神力量，更加明确前进的方向。

《藏在运河里的红色杭州》由中共杭州市委党史研究室牵头，拱墅区委党史研究室具体负责编撰。全书精选了发生在大运河两岸的具有思想性、典型性、代表性的红色故事，记录了杭州人民在党的领导下进行革命、建设、改革的光辉历程、伟大成就和宝贵经验，再现了1919 年至 2021 年发生的翻天覆地的巨变。

2020 年 10 月，拱墅区委党史研究室开始筹划本书的编辑出版工作，拟定了编撰方案和初步计划。2021 年 4 月，杭州市部分行政区划优化调整后，拱墅区委高度重视本书的采编、出版工作，拱墅区委组织部部务会议专题研究论证，专门听取方案汇报，并成立了编撰指导委员会和编辑委员会。2021年6月开始，编委会成员即开展了原下城区、原拱墅区相关党史资料收集工作，并多次进行内容会商。11月，拱墅区委党史研究室对全书修订稿进行了审定，并送请相关人士征求意见。12月，编委会根据审核意见对送审稿进行了完善定稿。

拱墅区委高度重视本书的采编、出版工作。区委常委、组织部部长张立多次关心本书的编辑出版工作，对文献资料的收集和书稿编写的指导原则、基本方案、重大问题进行把握，并给予了精心组织和指导。由于本书意义重大、内容重要、涉及面广，编委会成立伊始，即顶着时间紧、任务重、要求高的压力，倒排时间进度，集中精力，迎难而上，通过查找档案资料、翻阅历史文献、走访老同志等多种形式，对全书的内容进行了细致地梳理和采编。在广泛搜寻权威、准确的史料基础上，编撰人员对重大历史事件和重要历史人物进行了进一步寻访，对书稿进行打磨与加工，使全书的红色故事尽力达到真实性、思想性和艺术性的有机统一，力争做到具有一定的可读性。

在全书编写过程中，拱墅区委党史研究室始终把编写本书作为党史工作的重中之重，主要领导牵头制订全书的编撰方案和采编出版工作计划，每周召开编委会工作例会，组织与协调编撰工作中的问题，为保证全书质量打下了扎实的基础。编撰人员在查阅了大量党史专题书籍和档案文献资料，对一些重要问题进行专题研究的基础上，全力以赴，辛勤编撰，最终成书。

本书的采编出版，得到了中共杭州市委党史研究室的高度重视和大力支持。中共杭州市委党史研究室主任郎健华审阅了书稿，提出了修改意见和建议并为本书作序。在书稿写作过程中，许多老领导、老同志给予了热情的关心和支持。拱墅区各有关街道和职能部门的同志为本书提供了众多历史资料、图片信息和相关数据，为本书的顺利出版奠定了坚实的基础。在此谨致谢忱！

2022 年 1 月，经拱墅区委党史研究室专题会议审议后报杭州市委党史研究室批准；2022 年 6 月由浙江大学出版社正式出版发行。

在编辑写作过程中，限于能力水平，书稿在叙事详略、资料取舍等方面，不当之处在所难免，请广大读者和专家学者批评指正。

党的历史是最生动、最有说服力的教科书。我们希望通过回顾与讲述，回到红色现场，探究历史脉络，书写我们这座城市历史的发展走向及影响着万千杭州人民生活的时刻，也希望通过记录与再现，探求我们这座城市的基因谱系，解读中国共产党人带领杭州人民矢志奋斗的精神密码，并从中汲取前行的动力，开启奋力展现"重要窗口"头雁风采和争当浙江高质量发展建设共同富裕示范区城市范例的杭州新篇章。

谨以此书献给伟大的中国共产党，献给在运河两岸奋斗不息的杭州人民。

编委会

2022 年 4 月

图书在版编目（CIP）数据

藏在运河里的红色杭州/中共杭州市委党史研究室
（杭州市人民政府地方志办公室），中共杭州市拱墅区
委党史研究室（杭州市拱墅区地方志编纂研究室）编. —
杭州：浙江大学出版社，2022.6
ISBN 978-7-308-22609-7

Ⅰ.①藏… Ⅱ.①中…②中… Ⅲ.①社会主义建设
成就－杭州 Ⅳ.① D619.551

中国版本图书馆 CIP 数据核字（2022）第 076424 号

藏在运河里的红色杭州

中共杭州市委党史研究室（杭州市人民政府地方志办公室）
中共杭州市拱墅区委党史研究室（杭州市拱墅区地方志编纂研究室）　编

责任编辑	马一萍　吴伟伟
责任校对	闻晓虹
封面设计	包妍妍
出版发行	浙江大学出版社
	（杭州市天目山路 148 号　邮政编码 310007）
	（网址：http://www.zjupress.com）
排　　版	杭州浙信文化传播有限公司
印　　刷	浙江海虹彩色印务有限公司
开　　本	787mm×1092mm　1/16
印　　张	11.25
字　　数	182 千
版 印 次	2022 年 6 月第 1 版　2022 年 6 月第 1 次印刷
书　　号	ISBN 978-7-308-22609-7
定　　价	88.00 元